É

Un jeune homme aux mains vides, à la silhouette de voyageur, rejoint sur une île son grand-père, Maurice. Ils se confient l'un à l'autre, se racontent. Peu de temps ; suffisamment, pourtant, pour que chacun ait pu reconnaître dans l'œil de l'autre un éclat bleu de liberté, un éclair complice. Puis le jeune homme repart.

C'est sur cette même île battue par les vents et sous ce même toit que, plus tard, il fera l'amour avec Bruce, son amant américain. Quelques jours, ou quelques mois se passent. Bruce a quitté Marin, et le jeune homme s'efforce d'apprivoiser son absence. Un matin, très tôt, il reçoit un coup de téléphone : « *Mauvaise nouvelle. Maurice est mort hier en fin d'après-midi.* »

Il faut de nouveau s'habituer aux départs muets, précipités, qui font le rythme de notre existence : un rythme discontinu, plus que décousu, au travers duquel l'émotion passe comme un lien.

D'autres êtres, d'autres amours apparaissent dans ce livre. Margot, qui quitte François et s'installe avec Mathieu, recommençant une « *nouvelle vie* » ; François, qui retrouve son ancienne amante le jour de la mort d'un homme d'État illustre, et qui, le soir, sous le regard du génie de la Bastille, fait la connaissance d'une femme au beau regard, vêtue d'un K-Way vert et violet ; Luc, vagabond de vingt ans ; Mathieu, encore, visitant les « *bars d'hommes* » du quartier du Marais, à Paris. Tous semblent avoir confiance dans l'existence, comme si elle était à même de susciter, pour nous, ces formes nouvelles qui nous permettent de continuer à vivre. *L'amour*, chante Ninon Vallin, *est enfant de bohême.*

Guillaume Le Touze

ÉTONNE-MOI

ROMAN

Éditions de L'Olivier

TEXTE INTÉGRAL

ISBN 2-02-033297-3
(ISBN 2-87929-123-2, 1ʳᵉ publication)

© 1997, Éditions de l'Olivier/Le Seuil

Pour Elson.

Le train traverse une forêt de chênes verts couchés par le vent. La voie ferrée a été construite sur une langue de sable en bord de mer. J'ouvre la fenêtre et je prends une rafale de vent en plein visage. Il sent l'iode et les aiguilles de pin. Le soleil monte sur l'horizon. Ma vie d'adulte commence ici.

Le train s'arrête devant des campings, des pavillons fermés et d'immenses parkings vides. Et puis, c'est le terminus, je prends mon sac et je descends. Pour arriver jusqu'au port, je traverse des rues désertes. Il est tôt, tout le monde dort encore derrière les volets tirés. Seuls quelques marins s'affairent sur les pontons. Mon bateau est déjà à quai mais il ne partira pas avant une heure. J'entre dans un café face à l'embarcadère.

Je me dirige vers le comptoir. Des pêcheurs sont accoudés devant des chopes vides. Il est six heures et demie, j'ai plutôt envie d'un café mais, pour me fondre dans la masse, je commande, moi aussi, une bière. Je demande une cigarette à mon voisin. Sa vareuse sent le poisson. Il me tend son paquet de Gitanes d'un air soupçonneux. Au lieu de me passer son briquet, il approche la flamme de mon visage pour allumer lui-même ma cigarette en murmurant « Voilà, ma biche » d'un air méprisant.

Tout à coup, le regard vide de mes voisins de comptoir attire mon attention. Je lève les yeux vers le petit poste de télévision derrière le bar, au-dessus du percolateur. Un portrait apparaît à l'écran, puis des images de la rue d'Orchampt.

Dalida vient de mourir. Au bar, tout le monde est déjà au courant. Chacun y va de sa petite théorie. Bruce a dû l'apprendre s'il a mis l'autoradio en revenant de la gare. Il aura d'abord pleuré dans la voiture, et puis sans rien dire à personne pour ne pas gâcher la fête, il se sera précipité sur ses disques, improvisant un hommage à sa façon.

Je m'installe sur le pont supérieur, face au vent. Je suis seul sur ma banquette, tout le monde est de l'autre côté, à l'abri de la passerelle. Il n'y a que des vieux sur le bateau. Ils sont habillés de gris ou de noir, mon blouson orange détonne nettement. Je les regarde, les uns après les autres, ils ne se ressemblent pas. Je détaille les visages. C'est la première fois que j'en viens à me demander à quoi pense chacun d'eux, comment il parle. Jusqu'à présent, j'ai toujours considéré les vieux comme une masse indistincte. En les croisant dans la rue, je les trouvais pénibles, ils marchent moins vite, ils entendent moins bien et font plus de bruit en mangeant. Maintenant que je les regarde, je les trouve attachants. Ils sont là, en rang, à l'abri du vent, presque tous du même âge, comme une classe ou une colonie de vacances. Il me semble qu'ils n'attendent rien de précis, comme si être encore là leur suffisait. J'en suis presque jaloux. Moi, j'attends tellement de choses. Je suis impatient en permanence, j'aimerais avoir déjà trente ans, et eux, ils sont là, calmement posés sur leur siège. Sur le bateau qui se dirige vers l'île, je suis le seul étranger à leur monde. J'ai vingt ans et je pars en exil volontaire dans un territoire inconnu.

Tout à l'heure, les employés ont chargé un cercueil dans la cale. Ils n'ont pas d'uniforme, seulement une casquette de la compagnie de navigation et un bleu de travail. Deux mécaniciens portaient le cercueil comme on porterait un brancard, ils avaient posé leurs casquettes sur le bois clair. Sur le quai, une vieille femme a signé un bordereau qu'un homme en costume noir lui tendait et elle est montée à bord en s'accrochant aux cordes de la passerelle. Je la reconnais, juste en face de moi, au milieu d'un petit groupe. Elle ne porte pas de verres fumés, elle pleure, sans ostentation. De temps en temps, quand les larmes en s'accumulant forment une goutte trop lourde au coin des paupières, elle l'essuie discrètement. Elle n'entretient pas sa douleur, elle semble l'apprivoiser, attendre patiemment qu'elle reparte comme elle est venue. Cette femme sait que la tristesse n'est pas éternelle et elle en est peut-être soulagée. Les vieux me regardent en souriant à mes vingt ans, à mon blouson orange et à mes baskets trouées. J'envie tout ce qu'ils savent. Ce serait tellement simple qu'ils puissent tout me dire, là, maintenant.

Au moment où le bateau dépasse la citadelle pour entrer dans le port, la sirène annonce notre arrivée. Sur le quai, des tracteurs et des camionnettes nous attendent. Une ambulance sort de la cale avec à son bord une vieille dame toute guillerette. Emmitouflée dans ses couvertures, elle fait de petits signes de la main par la vitre arrière. Les mécaniciens déchargent le cercueil et le hissent sur la remorque d'un tracteur. Le petit groupe de vieux suit le convoi à pied, rejoint par d'autres qui attendaient sur le quai en tenue du dimanche.

Je suis le dernier sur le pont, les mécaniciens me crient en riant qu'il faut descendre, que le bateau ne montera pas sur le quai. Debout à côté de mon sac de voyage, je regarde le bateau s'éloigner. Impossible, maintenant, de reculer. Je pense appeler Bruce mais c'est l'heure où il doit commencer seulement à dormir, je ne veux pas le réveiller. J'ai décidé de faire ce voyage seul, je m'y tiendrai.

Je n'ai pas prévenu mon grand-père de mon arrivée. Je voulais lui faire une surprise. Au moment de prendre un taxi, je pense qu'il serait peut-être plus confortable de l'appeler. Je ne suis jamais venu seul chez lui.

Au bout de plusieurs sonneries, je me dis qu'il n'est pas là ; je l'espère peut-être obscurément, car je commence à me sentir anxieux à l'approche de notre rencontre. Mais c'est ce que je suis venu chercher. J'y suis, je prends sur moi, comme dit ma mère.

Il finit par décrocher. Quelquefois, quand j'étais petit, ma mère me tendait le combiné pour que je dise un mot à son père, je n'ai jamais pris moi-même l'initiative de l'appeler. C'est la première fois de ma vie que je l'appelle et il me répond qu'il était en train d'étendre du linge au fond du jardin, sans paraître le moins du monde surpris de m'entendre. Je lui dis que je viens de descendre du bateau.

« Viens quand tu veux, je suis là. Si tu comptes déjeuner, il faut me le dire, j'irai acheter un deuxième bifteck. »

Il me parle comme si je venais toutes les semaines sur son île. Je suis déçu, presque vexé qu'il ne perçoive pas l'importance de ma visite. Je viens de me souvenir que j'ai un grand-père et j'ai décidé de faire sa connaissance. Ce n'est pas rien. Je trouve qu'il prend ça bien à la légère.

Le taxi m'arrête devant la maison, et Maurice sort sur le pas de la porte pour m'accueillir. Il n'a pas tellement changé depuis l'enterrement de Maud. Nous entrons à la cuisine et il se rassoit pour éplucher une laitue.

« Quand est-ce que tu repars ?

— Mercredi midi.

— Ça nous laisse peu de temps mais nous pourrions prendre la voiture et aller de l'autre côté de l'île. Qu'est-ce que tu es venu faire ici ?

— Je suis venu pour te voir.

— Ah ! bon. Et comment vont tes parents ?

— Bien.

— Il faudrait que tu montes faire ton lit. Prends une paire de draps dans l'armoire. Monte aussi ton sac, qu'il ne traîne pas dans l'entrée. Après, il sera l'heure de manger. »

Il doit être dix heures et demie. Il va falloir accorder mon horloge à celle de Maurice.

Dans la chambre, je pose une photo de Bruce sur la table de nuit. Je sors aussi tout mon nécessaire de rasage et mon eau de toilette. Je dispose tous ces objets bien en vue comme une preuve tangible qu'on ne me renverra plus dans l'enfance contre mon gré.

À onze heures, nous passons à table. Maurice reste debout pour remplir nos deux assiettes avant d'aller poser le plat vide dans l'évier. Après seulement, il s'assied et coince sa serviette dans le col de sa chemise. Il me demande où j'en suis pour mon régiment. Je lui réponds que je me suis fait réformer et ça semble l'inquiéter. Il me demande où en sont mes études et je lui dis que j'ai tout arrêté. Il finit par sourire et hausse les épaules d'un air de dire « Moi, ce que j'en dis… ».

Maurice mange beaucoup plus vite que moi. Je fais ce que je peux pour le rattraper. C'est à table que je ressens le plus de gêne, que je parviens le mieux à imaginer sa solitude.

« Maintenant que tu as fini, nous allons nous faire un jus. »

Il pose deux tasses sur la table et un bocal de café instantané. J'ai repéré une cafetière électrique dans un coin de la cuisine, je suis sur le point de dire que je préfére-

rais du vrai café, que je peux m'en occuper, mais, tout à
coup, je réalise qu'il n'y a peut-être pas de filtres ni de
café moulu ; j'ai peur d'aller au-devant de complications
insurmontables pour Maurice et je me contente de
rajouter une cuillère de poudre dans ma tasse avant qu'il
verse l'eau bouillante.

Maurice me dit que la voiture n'a pas servi depuis
longtemps, puisque le médecin lui a interdit de
conduire. Il faudrait regarder de près le moteur et les
pneus, voir si tout est en état de marche. Il m'envoie au
garage pendant qu'il fait la vaisselle.

Je ne connais rien à la mécanique mais l'envie de me
montrer à la hauteur de ma mission me rend presque
compétent. Je soulève le capot, à la recherche de la
jauge. Après avoir essayé successivement la tête d'une
bougie, le câble de l'accélérateur et l'embout de remplis-
sage du lave-glace, je la trouve enfin. Il ne reste presque
plus d'huile. Dans le coffre, au milieu de vieux chiffons,
je déniche un fond de bidon qui me permettra tout
juste d'atteindre la station-service sans griller le moteur.
Évidemment, la batterie est à plat mais le garage donne
sur une pente assez forte qui me permet de démarrer.

Il n'y a que Maurice qui puisse se repérer dans ses itinéraires. Nous prenons à chaque fois les routes à contre-
sens des panneaux indicateurs pour finalement arriver à
destination. Régulièrement, nous débouchons sur des
chemins en terre et il faut faire demi-tour. Sur la départementale, la seule route de l'île où les voitures roulent
très vite, il voudrait que je m'arrête au milieu de la

chaussée pour lire les pancartes. Il m'accuse de rouler trop vite, je ne lui laisse pas le temps de déchiffrer les panneaux indicateurs. Et quand, enfin, il a choisi la direction à suivre, il me fait un signe minuscule, un petit mouvement rotatif de l'index qui m'oblige à tourner complètement la tête vers lui pour pouvoir l'interpréter.

Nous doublons deux voitures garées sur le bas-côté. Maurice me raconte son premier voyage avec Maud. Ils avaient une vingtaine d'années, ils venaient de se rencontrer. Maud avait proposé de faire un pique-nique en Normandie et elle avait trouvé un ami, pour les accompagner jusque là-bas. À peine sortis de Paris, la voiture était tombée en panne dans la côte de Saint-Cloud. L'ami était resté au volant pour manœuvrer. Maurice avait tout de suite remarqué que ce détail agaçait profondément Maud. Ils s'étaient donc retrouvés à transpirer ensemble, de mauvaise grâce, derrière la voiture. Ils l'avaient poussée sur cent mètres. Maud pestait contre l'imbécile qui n'était même pas capable d'avoir une voiture qui marche. Et puis, brusquement, elle s'était avancée vers la chaussée pour arrêter, d'un signe autoritaire, une voiture de luxe. Elle avait ensuite tiré Maurice par le bras, l'obligeant à abandonner la voiture en panne, et l'avait poussé à l'arrière du cabriolet anglais qu'elle venait de réquisitionner. Enfin, après avoir récupéré son panier, elle avait pris place à côté du chauffeur. L'ami de Maud avait juste eu le temps de serrer son frein à main, et de voir disparaître, Maud, Maurice et le pique-nique.

Maurice se tourne vers la vitre pour dire « Elle était comme ça… » d'une voix blanche. Il me demande d'arrêter la voiture sur un terre-plein en sable.

À petits pas nous descendons vers une grande plage de sable gris. La mer s'étire tout le long du rivage en rouleaux violents. Maurice me raconte le moment où ma mère est partie de chez lui. La première fois qu'elle est revenue quelques jours en vacances, ils se sont promenés sur cette plage. Maurice marche en regardant ses pieds pour ne pas mouiller ses chaussures.

« Ta mère m'a annoncé qu'elle allait épouser ton père avec un air crispé ; elle a pris le même air constipé pour m'annoncer qu'elle était enceinte de toi. Je ne sais pas ce qu'il y a entre elle et moi, mais quand nous sommes ensemble, je m'ennuie. Ça dure depuis longtemps, depuis qu'elle est jeune fille, depuis qu'elle a commencé à apprendre des trucs que je ne connaissais pas. C'est drôle de la voir avec ton père ou avec toi, tellement affectueuse, tellement belle aussi. Quand elle est avec moi, on dirait qu'elle fait son devoir, comme une bonne sœur à qui le vin de messe donne des aigreurs. Quand elle a eu dix-sept ans, j'ai pensé qu'il fallait qu'elle voie autre chose que cette île… Elle semblait s'ennuyer. Quand je lui posais des questions, elle me répondait que tout allait bien. Alors, une fois où Maud était ici en vacances, je lui ai demandé de parler avec la gosse. Elle n'a pas réussi à en tirer grand-chose. Avec Maud, nous avons causé jusque tard dans la nuit. Tu sais ce n'était pas facile, ta mère, c'est moi qui l'ai élevée, bien sûr, mais je ne suis pas son père, malgré tout. Nous avons pensé que Catherine devait revoir son pays, savoir d'où elle venait. Au bout de trois jours en Afrique, elle a pris l'avion pour rentrer. À l'époque j'avais l'hôtel, encore… Elle a débarqué sans prévenir, un soir, pendant le service, et elle est montée se plonger dans ses bouquins. J'ai pensé qu'elle allait peut-être enfin commencer sa crise d'adolescence comme toi ou moi… Penses-tu ? ! Rien du tout. C'est pour ça, il y a quelques années, quand tu étais tellement emmerdant, moi, je buvais du petit lait. Pourtant, tu étais fatigant… Mais c'était sympathique, j'avais l'impression de me reconnaître. »

Nous sommes côte à côte sur le rivage, face au large et Maurice vient de me dire que je suis son petit-fils. Les nuages courent comme des fous vers la terre. Ce soir, il pleuvra.

Maurice se tourne vers moi en souriant.

« Tu sais, tout ça, c'est en désordre. Les souvenirs, ça remonte comme ça peut… Et puis, nous n'avons plus beaucoup de temps, je te livre tout ça en vrac. »

Je ne sais pas s'il fait allusion à son âge avancé ou à la brièveté de ma visite.

Maurice a préparé un grand plat de langoustines, le même que lorsque nous venions avec mes parents, et il voudrait que je le vide à moi tout seul. À cause de son régime sans sel, il ne m'aide pas beaucoup, après trois ou quatre langoustines, il se ressert de soupe. Le bruit du craquement des carapaces est bientôt couvert par celui que fait Maurice en aspirant avec application le contenu de sa cuillère. Quand il a fini son assiette, Maurice remplit la mienne d'une nouvelle poignée de langoustines sans me demander mon avis. Quand il comprend que je ne finirai pas le plat, il sort du frigo un saladier plein de compote de pommes du jardin. Elle est tellement glacée qu'elle fait mal aux dents. Maurice s'en moque bien, il a mis son dentier à tremper dans un verre sur le bord de l'évier. Il mange en silence, tête baissée. Tout à coup, il lève les yeux sur moi, l'air malicieux.

« Et si nous appelions tes parents ? Je pourrais leur dire que j'ai repris la voiture, sans dire que tu es là, juste pour voir leur réaction. »

Maurice prend le téléphone sur le buffet. Ma mère commence par lui raconter que j'ai organisé une fête pour mon anniversaire et que j'ai trouvé malin de disparaître pour une destination secrète en laissant mes amis ranger la maison. Maurice me fait des clins d'œil. Comme prévu, ma mère lui fait ensuite des remontrances pour la voiture. Le médecin a été très clair, il ne doit plus conduire, ça représente un danger pour lui et pour les autres ; il serait temps, à son âge, qu'il se montre raisonnable. Elle appelle mon père à la rescousse, le prend à témoin.

« Je ne vous ai pas dit que j'avais conduit. Je vous ai dit que j'avais pris la voiture pour faire un tour. J'avais un chauffeur… D'ailleurs, vous le connaissez. »

Maurice me tend le combiné. Ma mère n'en revient pas. Maurice triomphe. Il nous laisse parler et commence la vaisselle. Lorsque je raccroche, je prends un torchon pour l'aider. Ce soir, il y a des variétés à la télévision, un grand hommage à Dalida.

Maurice n'arrête pas de parler, de faire des commentaires sur les costumes de scène, sur les témoignages hypocrites, sur les danseurs. Et puis, il me demande comment s'appelle le petit copain dont ma mère a parlé. Il veut savoir depuis combien de temps je connais Bruce, ce qu'il fait, s'il vit avec moi…

J'ose enfin lui poser des questions sur son histoire avec Maud.

« Nous formions un couple un peu singulier… Nous étions inséparables, des frère et sœur, plutôt que des amants. C'est lorsque ta mère est arrivée dans nos vies, nous nous sommes mariés, ça simplifiait les choses. Après, il y a eu toi… Contre toute attente, je suis devenu père puis grand-père. Pour le reste, je ne peux rien te dire. Un grand-père ne parle pas de l'intimité de son lit à son petit-fils. Quand ta mère a eu quatorze ans, Maud a rencontré quelqu'un. Elle est restée dans notre appartement de Paris et moi j'ai repris l'hôtel, ici, sur le quai. J'ai mis ta mère en pension à Auray, elle rentrait ici chaque dimanche. Maud venait souvent pour les vacances. Tes parents ont dû te dire que nous passions notre temps à nous engueuler… Il ne faut pas les croire. À la fin de sa vie, Maud passait tout l'été, ici, avec moi. Nous étions deux vieilles bêtes, déjà, et pourtant, avec Maud, ce sont mes plus beaux souvenirs. Tu verras, quand tu auras mon âge, c'est merveilleux d'avoir à ses côtés quelqu'un qui a traversé avec toi presque toutes les tempêtes de la vie et qu'on retrouve juste avant la fin. Nous nous retrouvions, assagis, presque sereins, capables de nous émerveiller tous les jours devant le soleil qui se couche sur la mer. »

Avant de m'endormir, je lis un peu. J'entends Maurice claquer les portes les unes après les autres, tirer la chasse d'eau, puis le silence envahit la maison.

J'ai posé mon sac dans l'entrée. Le taxi arrivera après le déjeuner. Nous mangeons en silence, face à face, écrasés sur nos chaises comme deux sportifs après un marathon. Autant d'affection contenue qui essaie malgré tout de se dire nous a épuisés l'un comme l'autre. Maurice se lève de table et s'agite autour du frigo. Il emballe pour moi le reste des langoustines. Il sort un pot de confiture qu'il a dû faire avec les framboises de son jardin, un paquet de crêpes bretonnes et une bouteille de cidre.

« J'espère que tu as de la place dans ton sac *pour envoyer ça à Paris avec toi.*

— J'en trouverai.

— Il faut bien que ton Américain goûte le cidre breton. »

Un coup de klaxon annonce l'arrivée du taxi. Maurice disparaît dans sa chambre. J'attends, debout dans l'entrée, mon blouson sur le dos, qu'il revienne. Quand il sort de la chambre, il me demande pour la cinquième fois à quelle heure est mon bateau et il en conclut que j'ai le temps. Évidemment, c'est lui qui a commandé le taxi : avec la marge qu'il a prévue, je ne risque pas de le rater.

Maurice me prend par les épaules, il m'attire contre lui et m'embrasse. Cinq baisers sonores comme toujours. Il glisse quelques billets de banque dans la poche de mon jean. « Pour le voyage. »

Le chauffeur me fait monter à l'avant. Maurice est debout sur le pas de la porte et agite la main. Penché par la portière, je lui crie « À bientôt ! ». Le quai fait une courbe et Maurice disparaît du paysage.

Je conduis lentement pour ne pas me tromper. Bruce m'a d'abord fait suivre les pancartes indiquant le centre ville, et maintenant nous sommes à la recherche du syndicat d'initiative. Il pousse un cri en le repérant, je m'arrête en double file. Ma plaque d'immatriculation 75 fait redoubler les klaxons derrière moi.

Bruce revient avec un plan de la ville et me guide jusqu'à la piscine où j'ai promis de le déposer. Je passerai le chercher dans deux heures. Ensuite, je n'ai plus qu'à suivre les pancartes « CHU » pour arriver jusqu'à Maurice. Je n'aime pas ce nom. « Hôpital », ça veut dire qu'on va le soigner mais le U d'« universitaire » donne l'impression qu'on l'utilise comme cobaye.

À la barrière de l'entrée, on m'a indiqué le pavillon où il se trouve. Je dois conduire encore un moment à travers les îlots pour arriver jusqu'au bâtiment. C'est un morceau de l'ancien hôpital qu'ils ont attribué à la gériatrie. Il a gardé son nom d'origine. « Le grand parc », qui s'étale en lettres de faïence bleue sur la façade.

Ça sent l'urine et l'éther. Je croise quelques vieux hagards, les yeux creux, la mine perdue, certains sur leurs jambes, traînant leurs charentaises usées sur le lino, d'autres en fauteuils roulants. Au deuxième étage, près du local des infirmières, je tombe sur un panneau d'affichage en liège. Des photos de vieillards, grimés et déguisés, y sont épinglées. Des Colombines édentées, le rouge à lèvres coulant sur le menton, sourient à l'objectif. Des Babars donnent la main à des Bécassines, des corsaires et des émirs arabes pour faire une farandole autour d'une table en Formica où sont disposés des gâteaux au chocolat et du jus d'orange. Tous les regards sont absents, aucun d'eux n'a l'air de comprendre ce qu'il fait là. Je ne veux pas qu'on fasse ça à mon grand-père.

Juste en face de la chambre de Maurice, des vieilles somnolent en bavant devant la télé. Sur l'écran, j'aperçois la mine réjouie d'un animateur pour vieilles dames. Le poste est mal réglé, le visage est violet et le costume, bleu turquoise. L'homme chante « *L'été indien* ».

Je frappe et, sans attendre la réponse, j'entre dans la chambre de Maurice. Il est posé sur ses oreillers comme un vieil ours en peluche. Il a les yeux rouges, les joues creuses. Il me sourit. Je m'approche du lit pour l'embrasser et je ne sais même pas comment l'atteindre. Il ne fait aucun effort pour me présenter ses joues, sa tête reste fixe. Je me pose sur une chaise en Skaï, tout près de la poche reliée à la sonde des urines. Mes narines se libèrent enfin et l'odeur douceâtre du bouquet de lilas déposé devant la fenêtre arrive jusqu'à moi. Il doit croupir depuis plusieurs jours dans sa vieille eau. C'est un mélange d'âcre et de sucré qui me donne envie de vomir. Maurice me dit, le regard en coin : « Ne fais pas attention au papier peint, ce n'est pas moi qui l'ai choisi. »

Il fait très chaud dans la chambre. Pour moi, c'est le début des vacances, mes premiers congés payés. Quand je rentrerai à Paris, j'aurai mon salaire entier à la fin du mois. Demain, nous nous jetterons dans l'eau transparente à côté de la pointe des Poulains. Maurice, lui, sera couché dans l'atmosphère confinée de cette chambre avec, sur les murs, le papier peint à petites fleurs violettes dignes du papier à lettres de ma correspondante anglaise.

Je voudrais jeter le bouquet de lilas, débarrasser Maurice de cette puanteur, mais il m'en empêche.

« Laisse, ce sont les lilas de mon jardin. Mme Le Scorf me les a apportés quand elle est venue. Ils ont pris le bateau pour arriver jusqu'ici. »

Je me contente de changer l'eau du vase mais Maurice me jette des regards anxieux, craignant que je n'en fasse qu'à ma tête et que ses lilas atterrissent dans la poubelle.

Quand je me rassieds, je vois ce que je n'avais pas voulu voir jusqu'à présent : Maurice a des restes du repas de midi à la commissure des lèvres, accrochés à ses poils de barbe. Il transpire, son crâne chauve ruisselle de sueur.

Sur la pointe des pieds, je vais frapper au bureau des infirmières. Les blouses blanches m'ont toujours fait peur. Avec trois formules de politesse, je leur demande un gant de toilette propre. Je ne parle même pas des restes du repas, je me contente d'évoquer la chaleur pour laquelle elles ne risquent pas de se sentir fautives. Si jamais je les vexais, elles se vengeraient sur Maurice. L'une d'elles se lève. Elle est jeune et belle. Elle me précède dans le couloir jusqu'à la lingerie où elle me trouve un gant en tissu éponge blanc, épais et doux.

Quand j'entre dans la chambre j'ai le cœur presque léger. Je fais couler de l'eau tiède. Sur la tablette du cabinet de toilette, il y a quelques affaires qui appartiennent à Maurice dont il ne se sert jamais puisque il ne peut pas quitter son lit : une eau de Cologne, son rasoir électrique, des boules Quiès. Avec le gant tiède, je lui nettoie doucement la bouche et le cou. Il faut insister, sa petite barbe de quelques jours complique la tâche. Je rince le gant à l'eau claire et je l'arrose d'eau de Cologne pour rafraîchir le visage et le crâne de Maurice. Il sourit comme un enfant, j'ai l'impression de servir à quelque chose. Il sent bon et le bien-être momentané qu'il éprouve le rend beau. Je ne sais pas quel traitement ils lui font subir mais sa peau est irritée et rose ; il pèle, même, par endroits.

Maintenant, Maurice voudrait que je le rase. Du tiroir de la table de nuit, il sort un paquet de rasoirs jetables et une bombe de mousse à raser.

« J'ai trop maigri pour le rasoir électrique, il faut utiliser ça. »

Il a tout prévu et, depuis quelques jours, il attend ce moment avec impatience. L'étalage du rasoir et de la mousse à raser sur la tablette d'hôpital me donne envie de pleurer. Maurice en est réduit à ça, dépendre de ses visites pour être bien rasé. Je sens que ma main tremble déjà, j'ai peur de blesser ses joues creuses.

Je retourne au bureau des infirmières pour réclamer un bol. La même jolie jeune fille m'accompagne à la cuisine. Elle a dû remarquer mon air terrifié.

« Vous savez, malheureusement, nous n'avons pas le temps de raser les malades tous les jours. Nous essayons de le faire au moins deux fois par semaine mais ce n'est pas toujours possible. Au début, j'avais peur de blesser les messieurs mais on s'habitue très vite, en fait. »

De retour à la chambre, je trouve un autre visiteur. Il a une soixantaine d'années, les yeux très bleus, rieurs.

« Vous êtes Marin ! Votre grand-père m'a souvent parlé de vous. C'est gentil d'être passé le voir. Ça lui fait de la compagnie.

— Marin, c'est Monsieur Guillaume, mon coiffeur.

— Je suis venu coiffer un autre client dans une chambre, à côté. Un cancer du poumon. Alors, je suis passé dire un petit bonjour. Je vais en profiter pour rafraîchir la coupe. Donnez-moi un bol d'eau chaude, je vais le raser aussi. »

Maurice a l'air ravi qu'on s'occupe de sa coiffure. Je me demande ce que Monsieur Guillaume va bien pouvoir couper du peu de cheveux qui traversent le crâne de Maurice d'une oreille à l'autre. Eux semblent le savoir. Ils ont l'air complice. Je les laisse un instant seuls et je sors à la recherche d'une pharmacie.

Dehors, le soleil me surprend par sa blancheur. Je pense à Bruce qui doit prendre des couleurs sur le bord de la piscine. Une fois franchie la porte de l'hôpital, je suis surpris que tout soit à sa place, les fleurs dans les jardinières, la pelouse qui commence déjà à jaunir sous la chaleur du début d'été. Maurice est très mal en point et le monde continue de tourner normalement. Il faudra que je m'y fasse.

J'inspecte toutes les crèmes de toutes les marques, les plus nourrissantes, les plus réparatrices, les plus chères. J'expose mon cas à la pharmacienne qui me conseille finalement la crème de base la moins chère. Un peu déçu, j'achète, pour me rattraper, deux bouteilles d'eau minérale hors de prix et un brumisateur d'eau des glaciers.

Quand je reviens à la chambre, Maurice est seul, rasé de frais, bien coiffé, radieux. Je lui fais le grand jeu, comme dans un institut de beauté. Je lui vaporise de l'eau sur le visage, je le sèche et ensuite, j'étale la crème hydratante sur sa peau abîmée. C'est un geste incongru. Par pudeur je n'ose pas poser mes mains franchement sur sa peau. D'abord, je le touche du bout des doigts et puis, finalement, je prends de l'assurance en voyant son sourire satisfait et je le masse doucement. Sa peau paraît plus rouge encore qu'avant, mais au moins on n'a plus l'impression qu'elle va se déchirer et laisser apparaître les os du crâne.

Maurice se tient bien droit dans son lit, la tête haute, les deux bras à plat sur le drap, comme un prince. Il me demande si je suis content de mon nouveau travail. Je lui ai écrit pour lui expliquer ce que je fais mais je me dis qu'il a oublié et je recommence mes explications. Il prend l'air excédé.

« Tout ça, tu me l'as écrit, déjà. J'ai compris. Ce que je veux savoir, c'est si tu te salis les mains en travaillant… »

Un instant je pense qu'il perd la tête. Quel est l'intérêt de savoir combien de fois je me lave les mains dans une journée ? Je souris, je parle des vacances. Maurice prend un air mauvais pour me faire comprendre que les lieux où je compte me baigner dans la semaine ne l'intéressent pas.

« Ce que je veux dire, c'est que tu ne travailles pas en imprimerie, sur les machines avec les encriers. »

Je me sens rougir en comprenant que Maurice me parlait bel et bien de mon métier. Il a en fait parfaitement compris quel genre d'activités on pratique dans un studio graphique. Il me demande si je porte un bleu de travail pour savoir si son petit-fils est un manuel ou un intellectuel.

Il tourne à peine la tête pour me dire que je devrais prendre la route parce qu'il n'y a plus de bateaux après le coucher du soleil. Nous sommes en juin et le soleil se couche très tard. Je comprends que Maurice me donne congé. Il a envie d'être seul.

« Le trousseau de clefs est dans mon paletot. Tu sais où est le disjoncteur. Tu penseras à fermer la bouteille de gaz en partant. Tu dois cueillir les fraises, il faut les manger, ne les laisse pas perdre. Pense à arroser les plates-bandes devant la cuisine, mais le soir, seulement. De toute façon, Mme Le Scorf passera, c'est plus sûr. Si tu vas à l'Apothicairerie, tu ne descends pas à la grotte, c'est dangereux, il y a souvent des accidents. Tu feras attention.

— Oui, je ferai attention. »

Il est l'heure de partir. Dans peu de temps, Maurice dînera tiède dans une barquette en plastique et il s'endormira devant la télé.

Maurice me fait un signe d'adieu avec les paupières. Je m'approche du lit. Je me refuse à l'embrasser sur le front comme un gisant. Je grimpe sur les draps pour atteindre ses deux joues avec mes lèvres.

L'épreuve commence au moment où je tourne la clef dans la serrure. Il faut faire vivre la maison sans lui. Les sacs à peine posés dans l'entrée, je ressors et je me précipite sur la planche de fraises. À quatre pattes, je cherche les plus mûres et je les engloutis les unes derrière les autres en prenant à peine le temps de respirer. Bruce est resté debout à l'entrée du jardin et me regarde, étonné. C'est une affaire entre mon grand-père et moi.

Une fois à l'intérieur, il faut ouvrir les fenêtres en grand pour faire respirer les murs. La nuit ne tardera plus à tomber mais nous sortons quand même pour échapper à l'absence de Maurice.

Bruce n'est jamais venu sur l'île et, dans le plaisir que j'ai à la lui faire découvrir, il y a la présence de Maurice. Je l'emmène à la pointe des Poulains, la marée monte et il faut sauter pour accéder à la butte du phare. La lumière a commencé de baisser, l'eau paraît vert foncé entre les rochers. Bientôt, le phare s'allumera. Nous repartons au pas de course pour filer à l'Apothicairerie avant la nuit. Nous nous asseyons, les pieds dans le vide, le soleil descend vers la mer. Au loin, les ruines de l'ancien séminaire se découpent sur le ciel rouge. En dessous du rocher où nous sommes assis l'un contre l'autre, la mer cogne les parois de la grotte. On entend un grondement sourd. Maurice est là, derrière mon épaule, comme s'il me parlait de très loin déjà pour me dire de ne pas descendre.

Nous refermons les fenêtres, nous faisons notre lit dans la chambre du haut, celle où dorment mes parents, d'habitude. Au lit, dans le frais des draps propres, je reste sur le dos à contempler le plafond. Décidément, je n'aime pas être dans cette maison sans lui. Bruce se tourne sur le côté, il enfouit sa tête dans le creux de mon cou. Je lui caresse le ventre. Ma main s'attarde sur son sexe. Ses frissons m'encouragent à poursuivre. Mes jambes enserrent les siennes. Nous faisons l'amour, très longtemps, en s'accrochant au corps de l'autre comme à une bouée, et je jouis enfin.

Le lendemain matin, nous partons à la plage de bonne heure. J'essaie de retrouver la petite crique connue de moi seul où j'ai mes habitudes. Mes repères pour y arriver datent un peu. Le troisième poteau de clôture a pu changer de place, le tracé des sentiers en ornières au milieu des bruyères a pu être modifié au gré de l'humeur des lapins et des renards. À un moment, il faut abandonner la voiture au bord de la falaise et chercher à pied. Nous y parvenons enfin. La descente est périlleuse, le sentier est mouillé par une source qui jaillit de la falaise. Je retrouve l'eau transparente, je me sens bien.

Le soir, j'appelle Maurice, mais sa ligne est déviée sur le bureau des infirmières qui me demandent de rappeler le lendemain. Il dort déjà. Avec ma première carte de crédit et grâce à mon premier salaire, j'emmène Bruce manger un plateau de fruits de mer à l'hôtel du Phare. Il met un pantalon à carreaux et une veste en lin que je ne lui connaissais pas. Je m'habille en Parisien en vacances à la mer : pantalon clair, chandail bleu marine, chaussures de toile. Quand nous nous asseyons à la table que j'ai réservée, tous les regards des pensionnaires se posent sur nous. La nuit tombe au milieu du dîner et la lune se reflète dans l'eau, à l'entrée du port, juste en dessous de la balustrade en béton qui borde la terrasse.

Avant de repartir, nous avons fait le ménage à fond dans la maison. Une bonne odeur de détergent et d'encaustique remplit les pièces, ça ne sent plus le renfermé. Le soleil chauffe le pavage et les murs, la maison revit. Dans le jardin, nous ratissons les fraises, les premières framboises et les groseilles les plus précoces pour faire les confitures. Nous remplissons les étagères du grenier avec les pots couverts de Cellophane.

Bruce n'a pas voulu retourner à la piscine mais je ne souhaite pas qu'il m'accompagne. Je ne veux pas qu'il rencontre Maurice sur un lit d'hôpital. Je suis au milieu du couloir avec mon pot de confiture et mon petit panier de fraises. L'infirmière de l'autre jour m'arrête pour me dire que Maurice a mal dormi cette nuit et qu'il gémit depuis qu'il est levé. Elle préfère me prévenir.

Quand j'entre dans la chambre, je trouve Maurice, le cou tordu sur ses oreillers. Il a l'œil vague et il respire bruyamment. En somnolant, il gémit comme un enfant malade. C'est très pénible, je pense qu'il est au milieu d'un cauchemar. Je lui tapote l'épaule pour le réveiller. Il pousse un petit cri et ouvre les yeux.

Maurice redresse la tête et fait la moue sans me reconnaître, apparemment. Je l'embrasse. Il me dit : « Je rêvais… » Et puis, il commence à répéter d'une voix rauque : « J'ai mal, j'ai mal… » C'est insupportable, j'ai l'impression qu'il est sur le point de pleurer et, pris de panique, j'appuie sur la sonnette. L'infirmière arrive dans la chambre.

« Il a mal, ça fait depuis ce matin. Dans ces cas-là, il n'arrête pas de gémir. Je vais essayer de trouver un médecin. »

Le bouquet de lilas a disparu et le store est baissé pour protéger de la chaleur. Des mouches courent d'un mur à l'autre en se posant parfois sur les montants du lit. L'air est irrespirable. Je vais mouiller un gant de toilette au lavabo pour rafraîchir Maurice mais, cette fois, ça ne le soulage pas. Le frottement du linge humide sur sa peau semble même l'agacer. Les minutes paraissent interminables. Si je parle, Maurice n'écoute pas, je préfère me taire, ne pas le fatiguer.

La porte de la chambre s'ouvre et un jeune médecin,

la blouse blanche ouverte, son stéthoscope coincé autour du cou, vient briser le silence.

« Alors, il paraît qu'on a mal ?

— J'ai mal, j'ai mal…

— C'est ce que m'a dit l'infirmière. Elle m'a dit qu'on avait mal, oui. Elle va lui faire une piqûre au papi, comme ça, il n'aura plus mal, hein ? Voilà, je repasserai demain. »

J'ai envie de lui claquer la gueule à ce con. Mais je prends seulement la main de Maurice comme on ferait avec un mourant parce qu'aujourd'hui c'est la seule façon de lui dire que je suis là. Je détourne les yeux quand l'aiguille de la seringue entre dans sa peau. L'infirmière ferme la porte derrière elle en sortant et nous restons tous les deux silencieux. La respiration de Maurice se calme et il s'endort d'un sommeil serein. Je lâche sa main. Sur une feuille de papier, je laisse un petit message où je lui parle de la maison, des fleurs face à la fenêtre de la cuisine et des confitures qui l'attendent au grenier. Je laisse le mot en évidence au milieu du panier de fraises sur la table de nuit. Je glisse le trousseau de clefs dans le tiroir et je sors de la chambre sans l'embrasser pour ne pas le réveiller.

J'étais un enfant qui pleurait beaucoup, pourquoi est-ce que je n'y arrive plus ?

Je traverse les rues avec mon sac sur l'épaule. C'est Noël. Il fait froid et je me fous des fêtes de fin d'année. Au bureau tout le monde est parti depuis hier, j'ai passé la journée à me traîner sans trouver à quoi m'occuper. Bruce est reparti aux États-Unis un peu pour étudier, un peu pour réfléchir, comme il m'a dit, beaucoup pour être loin de moi. Bref, je suis seul et ça risque bien de durer. Mon père travaillait jusqu'à six heures, nous ferons la route de nuit.

Dans la voiture, chacun se tait et lutte contre la fatigue. Nous nous passons le volant régulièrement pour pouvoir tenir jusqu'à la mer. Entre Laval et Rennes, c'est moi qui conduis ; ma mère s'est endormie sur la banquette arrière et mon père en profite pour me demander si j'ai eu des nouvelles de Bruce. Je sens qu'il n'ose pas en demander plus mais que ça lui brûle la langue. Il voudrait savoir. Je lui réponds qu'il y a peu de chances que j'aie prochainement des nouvelles de Bruce. La voiture se faufile dans la nuit en ronronnant.

Comme prévu, nous arrivons à Quiberon au milieu

de la nuit. Nous trouvons la clef de la chambre d'hôtel sur le comptoir. Nous partageons la même chambre de trois petits lits. Chacun s'effondre sur son matelas sans prendre la peine de se déshabiller.

Quelques heures plus tard, nous sommes réveillés par le plateau du petit déjeuner. Sur le quai, le bateau nous attend. Il fait un très beau temps froid, la mer est calme.

Maurice est rentré chez lui après un long séjour à l'hôpital. Cloué à son fauteuil mais devant la fenêtre de la cuisine comme avant, il guette notre arrivée. La jeune femme qui s'occupe de lui nous attend pour aller passer Noël en famille. Je laisse mes parents préparer le dîner et je m'occupe du feu. Je passe l'après-midi dans un fauteuil à côté de Maurice à somnoler en regardant brûler les bûches. Je me dis qu'à New York il doit faire très froid et je pique du nez.

Au prix d'efforts assez considérables, mes parents parviennent à rendre la maison joyeuse. Je me sens mieux. Vers sept heures, je trouve une vieille bouteille de rhum au fond d'un placard et je prépare des punchs. Maurice trempe les lèvres dans le mien. Je descends du grenier le phono que Maurice avait acheté quand il était jeune homme et je fouille dans les 78 tours. Je trouve *L'amour est enfant de bohème* chanté par Ninon Vallin. Nous passons à table, il y a tout ce que le médecin a interdit à Maurice : des huîtres, du vin, du foie gras… Chacun se demande si Maurice résistera à ce dîner. Il y a un air de fête comme j'en ai rarement connu. Chacun plonge dans son verre comme si c'était le dernier. À minuit,

Maurice tient dans une main une coupe de champagne et dans l'autre une part de gâteau aux châtaignes. Il est ravi, ce n'est pas tous les jours Noël.

Le printemps tombe sur Paris brutalement. Un beau jour, le soleil perce les nuages, on a trop chaud dans le bus, il faut ouvrir les fenêtres. Tout le monde s'installe aux terrasses et on boit de la bière de mars bien fraîche en se disant que la vie n'est pas si moche. Parfois, même, on se parle d'une table à l'autre, on croise des regards.

Bruce ne reviendra pas. Je me passerai de lui. Avec ce soleil, je devrais apprendre assez vite. Je voudrais écrire ce qui s'est passé, ça m'aiderait à le savoir, mais c'est impossible, les mots ne viennent pas. Sur ma table, j'ai posé une pile de feuilles blanches et, en travers, un stylo, celui que j'aime le plus, avec lequel j'ai passé le bac. Tous les jours, je lui jette un regard amical en passant devant la table.

Je décroche tout ce qui encombre les murs de mon studio et je les repeins en blanc. Puis, je les couvre de graffitis, de couleurs, de taches. Les parois verticales s'animent de signes bizarres. Je passe plusieurs couches, je gratte, je lisse. Mon père vient prendre un café un jour à l'improviste. Je lui ouvre avec mon tee-shirt et mon jean pleins de peinture. Il reste immobile au milieu de la pièce puis il s'allonge par terre et laisse courir son regard sur les murs. Il est emballé. Je suis le premier étonné, il a l'air de trouver un sens à mes barbouillages.

Je suis allé racheter des couleurs au BHV. Pour rentrer, je prends le 69. Le bus est plein, nous avons tous des sacs et des paquets qui nous empêchent d'avancer vers l'arrière. Il règne une joyeuse pagaille et le chauffeur a pris le parti d'en rire. Quand le bus redémarre, je m'accroche à l'une des barres horizontales et je baisse la tête. C'est là que je la vois pour la première fois.

Elle est petite et vieille. Malgré la saison, elle porte un manteau en poil de chameau. Sur ses genoux elle a posé l'enveloppe de sa facture d'EDF et griffonne avec un crayon à papier très usé. En me concentrant, j'arrive à lire son écriture tremblée, déformée encore par les chaos du bus. Depuis le départ, elle a noté une à une toutes les stations. Elle écrit les noms les uns en dessous des autres, en colonnes. Parfois, je la vois prendre de l'avance et noter plusieurs noms à la fois pour se prouver qu'elle connaît bien la ligne. Je lui souris mais elle ne me regarde pas, trop absorbée par sa tâche. Elle note encore « Voltaire » sur l'enveloppe et je l'abandonne pour descendre.

Arrivé chez moi, je pose mes peintures dans un coin et j'ouvre la fenêtre. Il n'y a pas un bruit dans l'immeuble, ils sont tous partis en week-end. Sur les toits, en face, le ciel prend des couleurs orangées et roses, la nuit ne tardera pas. Je marche de long en large, j'allume la lampe au-dessus de la table et je m'assieds sans réfléchir. Je ne sais plus ce que je fais. Avec mon stylo, j'aligne des mots. Une petite vieille se prépare à sortir de chez elle pour prendre le bus. Elle s'appelle Maud, elle se déplace à petits pas, elle est très seule.

J'entre dans un bar et je commande une bière au comptoir. C'est un endroit que j'aime bien, où je suis presque sûr de croiser des visages connus. Ils passent de la bonne musique et le décor me plaît. Ce soir, je ne vois rien, je n'entends rien. Quand j'ai fini ma bière, j'en commande une deuxième. Je n'ai aucune idée de ce qui se passe autour de moi. Je ne comprends pas ce qui m'arrive. Je ressens une sorte de vertige qui n'a rien à voir avec la bière.

Je rentre chez moi et retrouve Maud. Dans le silence, elle me prend la main et m'emmène où elle veut. Je m'endors très tard.

Le téléphone sonne depuis un bout de temps mais mon correspondant ne se décourage pas. Je jette un œil au réveil, il est sept heures. Sans sortir de la chaleur de mon lit, j'allonge le bras et je décroche.

« Marin, c'est maman. Mauvaise nouvelle, Maurice est mort hier en fin d'après-midi. »

Je me lève et je commence à tourner en rond autour de mon lit. C'est comme s'il m'avait fait une mauvaise plaisanterie qui ne me fait pas rire. Je n'arrive pas à m'arrêter de marcher. Finalement, à force de passer et repasser devant ma table, je finis par voir mes feuilles.

Je me suis assis comme je me suis levé, nu. Je serre le papier contre moi et je me sens tranquille, comme protégé.

Hier, j'ai rencontré cette femme dans le bus, je l'ai tout de suite baptisée Maud et, pas un seul instant, je n'ai pensé à Maurice. Peu de temps avant, il avait dû jeter un œil par la fenêtre, comme Maud, et voir reverdir les feuilles sur les arbres.

Je vais me raser, me laver et mettre une chemise propre. Avant d'aller chez mes parents, j'accrocherai mes feuilles au mur, par-dessus les graffitis.

Vers dix heures, je téléphone à Val et je lui dis que mon grand-père est mort. Elle réfléchit un instant et, la voix ensommeillée, elle me dit : « Tu es triste, alors… » Val a trouvé le mot juste. Je ne suis pas anéanti par la douleur, la mort de Maurice ne me révolte pas non plus. Je repense aux petits vieux sur le bateau pour l'île. Je suis triste et j'attends patiemment d'être à nouveau joyeux. Nous allons partir, une fois encore, tous les trois pour la Bretagne. Nous l'enterrerons dans le petit cimetière qui domine le port. Je suis prêt.

Je referme la porte et déjà, en descendant l'escalier, je sens sa présence sur mon épaule. Dehors, il y a un soleil magnifique. Je le regarde, bien en face. Enfin, des larmes coulent jusqu'à mes lèvres. Je suis vivant.

« J'ai vu votre photo dans le journal, ce matin. En plus, votre nom, il ne s'oublie pas. Marin, ce n'est pas courant comme petit nom. Pensez, dans un port, comme ici, ça nous dit quelque chose. Quel effet ça vous fait de vous retrouver chez vous ?

— Je ne me suis jamais senti chez moi, ici. »

Le Havre, ses hivers interminables, le béton de la reconstruction lessivé par la pluie, l'odeur de soufre qui vient de la zone industrielle.

Le taxi lutte contre le vent qui s'engouffre dans chaque avenue. Une petite pluie fine et collante noircit les murs de la ville. Nous avons dépassé la caserne des douanes, bientôt nous longerons mon ancien collège. Le bâtiment ne m'évoque aucun souvenir particulier. Je reconnais la haute porte de prison en fer gris et les croisillons en béton qui bouffent toute la lumière dans les cages d'escalier. Une image me revient lorsque nous dépassons l'église, juste derrière le collège. Pendant les cours de maths, par les fenêtres du rez-de-chaussée, nous observions les corbillards sortir de la clinique pour entrer en face, dans l'église.

Le chauffeur a une bonne tête, je lui confie mon sac le temps d'aller faire quelques pas devant la mer. La dernière tempête a amassé un mur de galets contre la digue. En dessous, le sable est nu et mouillé. Je jette un œil aux tourniquets peints de couleurs vives. Là, je me souviens, j'ai joué à cet endroit. Le grand toboggan avec la bosse au milieu aurait besoin d'un coup de peinture. Ils l'auront sûrement laissé dans cet état pour que je le reconnaisse. Plus loin, mes premiers pas en patins à roulettes sous le bunker qui se prend pour un kiosque à musique. Derrière, les pissotières et le passage souterrain pour rejoindre le boulevard maritime.

Je pénètre dans le souterrain. Le dos appuyé au béton du mur, je retrouve l'odeur d'urine mêlée d'embruns et celle des plantes grasses qui tapissent le bord de la descente, souvenirs de mes douze ans. Un creux dans le ventre, la chaleur dans les cuisses, le feu aux joues, des picotements au front. Aujourd'hui, je sais de quoi il s'agit. Je rouvre les yeux, le souterrain est vide. Je cherche sur les murs les graffitis pornographiques que je venais déchiffrer bien avant d'avoir acheté mon premier journal. Les murs ont été repeints en gris, il ne reste aucune trace des errances érotiques de mon enfance. À leur place s'alignent d'énormes lettres noires, des slogans racistes qui donnent la nausée. Le tout est signé de symboles fascistes.

Je sors de l'obscurité et je me dirige vers la mer. Je cours sur la plage en levant des mouettes grasses et indolentes sur mon passage. Je retrouve le vent et l'eau de mer. Mes chaussures seront foutues en arrivant à Paris, le cuir cuit par le sel.

Quand j'étais petit, la mer face à moi m'autorisait tous les espoirs. Je pensais qu'ailleurs une vie plus belle m'attendait. C'était un mélange d'aventures maritimes perturbées par des pirates, de terres nouvelles où poussent le cacao et les bananes, de cigarettes de contrebande et de femmes quittées au petit jour en serrant les dents comme un héros. Pas un seul instant je n'ai rêvé d'avoir ma photo dans le journal.

Je reviens essoufflé au taxi. Le chauffeur est tranquillement adossé à sa portière, en plein vent, savourant un cigare.

« L'enfance refait surface ?

— Je n'ai pas été trop long ? Ça m'a fait du bien de prendre l'air.

— Vous devriez essuyer vos chaussures avant votre rendez-vous. Je vais vous passer un chiffon. »

Caroline est étudiante à l'IUT. Le libraire l'a engagée pour l'après-midi. Son grand-frère était en cinquième avec moi, paraît-il. Elle encaisse le prix des livres avant de les glisser dans un sac en papier à l'effigie d'un grand éditeur. Entre-temps, j'ai griffonné une dédicace sur la page de faux titre.

Mon professeur de dessin de cinquième passe, persuadée que je ne me souviens pas d'elle. Pourtant, j'ai retenu son nom et, par un hasard mystérieux, parce qu'à l'époque nous ignorions ces choses-là, je connais aussi son prénom. Je les trace sur le papier l'air de rien, et elle me regarde, médusée.

On me demande des nouvelles de ma famille qui a quitté la ville. Notre ancienne voisine est intarissable. J'ai aperçu Margot depuis un moment mais elle n'ose pas avancer de peur de m'interrompre. Je lui fais un petit signe de la main pour que la voisine me sente attendu et abrège son monologue mais rien n'y fait, elle continue imperturbable à me raconter l'anniversaire de mes sept ans dans le jardin de la maison. Vient, ensuite, la vie détaillée de nos successeurs qui ne seront jamais aussi bien que nous.

Un homme de mon âge se plante devant moi. Elle s'interrompt.

« Tu me reconnais ? »

Au timbre de sa voix, on sent qu'il s'est répété, pendant tout le trajet jusqu'à la librairie : *Je ne suis pas timide, je suis sûr de moi, il suffit d'avancer jusqu'à lui et de commencer tout de suite à parler, ne pas laisser de blancs.* Mon esprit s'agite dans toutes les directions possibles pour associer un lieu à son visage. Où l'ai-je rencontré ?

« Nous étions ensemble en terminale.

— C'est sympa d'être venu, ça me fait plaisir de te voir. »

Je revois la classe de philo le matin, lorsque je poussais la porte et que le cours était déjà commencé. Je m'installais, avec Margot et les autres, au fond, près du radiateur et lui devait être près de la porte, enveloppé dans un grand manteau sombre. Je revois sa silhouette et son visage me revient vaguement, bien qu'il ait considérablement embelli, me semble-t-il. Son prénom se refuse à faire surface.

« Je n'ai pas encore lu ton livre mais plusieurs de mes amis m'en ont parlé. Je vais te le prendre et puis, tu vas me faire une petite dédicace.

— Justement, il y a Margot qui est là. Tu te souviens d'elle ? Margot, viens ! »

La voisine a disparu, Margot s'avance vers ma table. Elle ouvre son sac à main et sort mon livre. La reliure est marquée, la couverture cornée.

« Je suis désolée, Marin, je vais juste te demander une signature parce que je l'ai acheté dès qu'il est sorti. Je l'ai lu, aussi. Tu sais, c'est difficile de parler et puis, je dois avoir l'air idiote, je ne sais même pas si j'ai tout compris mais ça m'a plu. Beaucoup. Émue, j'étais chamboulée vraiment. Enfin, voilà, c'est beau. Excuse-moi, j'ai du mal à me faire comprendre. »

Margot a parlé d'une traite, les yeux baissés vers la pile de livres, les deux mains crispées sur son sac. Ça me donnerait envie de pleurer de la voir comme ça, tremblante. Je devrais l'embrasser mais c'est trop tard, je ne me suis même pas levé pour lui dire bonjour. Il y a entre nous une table encombrée de livres.

« Regarde qui est là.

— Mathieu ! »

Je prends mon stylo et je trace « Pour Mathieu » sur le papier.

Arrivent ensuite le principal du collège, puis la mère d'une fille qui faisait du théâtre avec moi en quatrième.

Je ne perds pas de vue Margot et Mathieu, debout à côté de la table des livres de poche, en grande conversation. Je parle aux gens qui sont devant moi sans les écouter. La seule chose qui compte pour moi en ce moment, ce sont cette femme et cet homme face à moi mais hors de portée. Je voudrais me lever et m'immiscer dans leur intimité. Leurs regards sont accrochés l'un à l'autre comme ceux des deux danseurs du *Bal perdu*. Je vois la piste en parquet ciré, les couples ont du mal à ne pas se cogner les uns aux autres en tournant. Ça sent le muguet, la violette, la transpiration. J'ai l'air de la chanson sur le bout de la langue. Perdus au milieu de la foule, Margot et Mathieu sont absolument seuls. Coincé derrière ma table, un stylo à la main, je suis jaloux de cette complicité.

« Caroline, pouvez-vous me dire où se trouvent les toilettes ?

— La porte jaune derrière la caisse. »

Je suis tout près d'eux, leur voix deviennent audibles. La conversation n'a rien de passionnant mais c'est là que je veux être.

« On t'a accordé une permission ?

— Tu en as pour combien de temps encore ?

— Si tu es libre, nous avons pensé, avec Margot, peut-être nous pourrions dîner ensemble… Tu dors ici ce soir ?

— J'ai un train à dix-huit heures trente. Je dois être à Marseille demain matin. »

Je regarde mes pieds, je me sens fatigué. Je m'assieds sur une pile d'Hemingway qui vient de paraître en poche. Tout à l'heure, je serai à nouveau dans le train, seul, mon Walkman sur les oreilles. J'arriverai tard à Paris. Après un bref passage par le réfrigérateur en pestant contre Alexis s'il n'a pas fait de courses, j'irai me coucher pour me relever ensuite à six heures et foncer à Orly attraper un avion. Ce soir, j'aurais envie de passer du temps avec Margot et Mathieu. Nous irions prendre l'apéro dans un piano-bar ringard face à la mer. Une chanteuse blonde décolorée chanterait le répertoire de Liza Minnelli, sans voix. Chacun se tairait et, simplement contents d'être ensemble, personne ne songerait à se moquer d'elle. Ensuite, je laisserais Margot choisir l'endroit où je les inviterais à dîner. Ce serait de la nouvelle cuisine et nous ne remarquerions même pas les avocats, les médecins et autres petits notables locaux qui nous entoureraient inévitablement. À la nuit nous irions marcher sur la plage, pisser entre les cabines de bain comme à dix-sept ans. Les galets feraient du bruit en roulant sous nos pieds. Ce soir, je voudrais me poser quelques heures, rompre avec ma vie d'hôtesse de l'air.

« Si tu veux, Marin, nous pourrions aller boire un verre avant ton train.

— Je suis en voiture, je pourrais même te conduire à la gare.

— Dès que tu as fini ici, tu nous retrouves dans un bar du coin…

— Je vais emmener Mathieu à l'*Étable*. C'est juste à côté, tu te souviens. Tu nous y retrouves dès que tu peux. »

Le décor n'a pas changé. Toujours les sabots, les seaux en bois, les fourches accrochées aux poutres sombres. Des coussins contre les mangeoires servent de banquettes. La lumière est tamisée.

« Je suis la seule de nous trois à être mariée ?

— Sans doute… Tu n'es pas marié, toi ?

— Non.

— Deux célibataires. Libres comme l'air.

— Tu es mariée depuis combien de temps ?

— Sept ans.

— L'année de tous les dangers.

— Des enfants ?

— Non, rien que nous deux. »

Mon verre est vide. Je n'ai pas le temps de prendre un autre whisky, il faut partir pour la gare.

C'est Margot qui conduit mais Mathieu a tenu à nous accompagner. Il est assis sur la banquette arrière, sa tête entre nos épaules.

« Ça serait bien de se revoir. Moi, je vis à Paris, dans le onzième. Une fois où tu viendrais à Paris, Margot, on pourrait organiser quelque chose.

— On peut te joindre quelque part ?

— Pour le moment, je n'ai pas vraiment d'appartement mais il y a un numéro où on peut m'appeler, j'y suis souvent. Je vais vous le donner. »

Nous sommes tous les trois sur le quai. Mathieu a dans les mains un sachet en papier qui contient mon livre. Je pose ma sacoche en haut du marchepied et je me tourne vers Margot.

« On se dit à bientôt ?

— À bientôt ! »

Margot m'embrasse et je découvre son parfum. Je tends la main à Mathieu mais il m'attrape par l'épaule et m'attire à lui pour m'embrasser. Sa joue est bien rasée et sa peau agréable. Je monte dans le train et jette un dernier coup d'œil au quai. Margot et Mathieu marchent côte à côte vers la sortie.

Je jette ma sacoche dans le porte-bagages. Je pose sur mes oreilles le casque de mon Walkman.

« Quand j'étais petit, c'était un garage, ici. En rentrant de la plage, on essayait toujours de faire gonfler nos vélos et le vieux nous engueulait. Il préférait s'occuper des Mercedes.

— C'est ce qu'il y a de plus amusant, comme restaurant, au Havre. À cause des pompes à essence qui sont restées en place… Évidemment, à toi, ça doit sembler un peu province.

— Je suis content d'être là et de dîner avec toi.

— Ça, c'est très gentil, le genre de chose qu'on n'entend pas tous les jours. »

Margot regarde Mathieu droit dans les yeux en lui souriant. Il ne comprend pas très bien ce qui lui arrive mais, instinctivement, tout son corps se tend pour faire face à un danger encore flou. Son flair de chasseur ne le trompe pas : pour un instant, c'est lui la proie.

« Tu as rougi. C'est mignon, on dirait un petit garçon. »

Mathieu sourit pour se donner une contenance. Il détaille le décor autour de lui. Toutes les tables sont au même niveau, séparées parfois par des carcasses de voiture rouillées. La cuisine est à l'étage et les serveurs accèdent à la salle par des passerelles qui longent les murs en béton brut. Par la verrière, en façade, on voit les phares des automobiles qui remontent lentement le boulevard maritime. Plus loin, dans l'obscurité, Mathieu devine les cabines en bois posées sur les galets. Il se souvient des fins d'après-midi du mois de juin. À peine rentré de l'école, il prenait son vélo et pédalait jusqu'à la plage. Au retour, son short était marqué d'auréoles d'eau de mer à cause de la pudeur qui l'empêchait de retirer son maillot de bain mouillé sur la plage, devant tout le monde. Quelques années plus tard, Mathieu avait commencé à fréquenter des plages plus isolées où l'on pouvait bronzer sans maillot puis des plages plus *réservées*, couvertes d'hommes nus avec, en retrait, une épaisse barrière de buissons qui permettait de faire de brèves rencontres sexuelles à l'abri des regards. Aujourd'hui, Mathieu ne fait l'effort de porter un maillot de bain que pour aller à la piscine, deux fois la semaine, et cette période où il abîmait le cuir de sa selle de vélo avec son short trempé d'eau de mer lui semble appartenir à sa préhistoire, quand sa pudeur lui servait à masquer l'absence de son corps. Mathieu se caresse doucement la cuisse avec le plat de la main, comme pour se prouver qu'il s'est, depuis, découvert un corps et qu'il a appris à s'en servir.

Le serveur dépose deux assiettes identiques sur la table en annonçant « chiffonnade de fanes aux baies rouges et son sirop de vinaigre balsamique au lavandin », comme un jeune curé qui prononce ses premières

bénédictions. Il regarde Mathieu avec un air qui se voudrait insolent et familier. Margot sourit à son assiette et
regarde, amusée, le serveur rejoindre, à petits sauts de
biche, la passerelle en fer qui mène aux cuisines. Elle se
sent détendue, cette soirée lui plaît. Le vin est bon, du
bourgogne qui monte à la tête. Elle est assise face à un
homme qu'elle connaît très peu bien qu'ils aient partagé
leurs années de lycée, et cela l'amuse. Pour une fois, elle
ne se demande même pas ce qu'ils vont bien pouvoir se
dire. La conversation n'a toujours pas démarré mais
Margot ne s'inquiète pas, elle se dit que bientôt elle en
saura plus sur Mathieu, elle le laisse tranquillement
venir à elle. Il est rare que les hommes ne finissent pas
par parler d'eux : leur enfance, leur milieu social, leur
mère, leur métier, leur situation de famille, leur voiture,
leurs enfants et leurs projets de vacances et de carrière.
Margot sourit à Mathieu en baissant les paupières.

Mathieu aimerait tellement raconter sa vie et, comme
d'habitude, il bute sur une impossibilité. Comment dire
à une jeune femme, jolie, sensuelle et séduisante qu'on
est homosexuel ? Pourquoi casser immédiatement le
charme du rapport de séduction qu'il sent s'installer
entre eux ? Mathieu pressent l'espace nécessaire pour
dire ses nuits et ses secrets, les battements de son cœur
et la violence de ses désirs. Si Margot lui pose des questions, il lui répondra. En attendant, Mathieu demande à
Margot des détails sur son mariage.

Margot avait dix-neuf ans lorsqu'elle a rencontré François. Un jour, elle est entrée aux urgences de l'hôpital.
Un garçon jaloux et aviné lui avait jeté un galet en pleine

face, le crâne était ouvert. Ce soir-là, tout était calme à la maternité et François était venu boire un café avec l'interne de garde. Margot était arrivée en même temps que la police. Ils amenaient trois hommes qui s'étaient battus au couteau en pleine rue. Pour donner un coup de main, François s'est occupé de Margot. Il a pris sa tête entre ses mains, grandes et rassurantes. Il l'a emmenée faire des radios qui n'ont rien révélé de grave. Alors, François a rasé une partie des cheveux de Margot et il a recousu sa plaie. Ensuite, elle a rapidement apporté ses valises chez lui et, peu de temps après, ils se sont mariés.

Margot s'arrête un instant pour réfléchir à ce raccourci saisissant. Que s'est-il passé entre les urgences de l'hôpital et son mariage ? Tout et rien. L'hôpital, la mairie, l'église, tout ressemble à un film que Margot regarde aujourd'hui avec distance comme on jette un œil distrait à une série télévisée en passant l'aspirateur.

Sans que Mathieu ait manifesté quoi que ce soit, Margot commence à justifier son mariage avec François comme on dresse une liste de critères pour le profil recherché sur une fiche d'agence matrimoniale.

« C'est un homme généreux et calme. Quand il te regarde, tu te sens tellement en sécurité. C'est étrange, on pourrait croire qu'avec le temps on se fatigue, que le désir s'émousse, mais en réalité c'est la durée qui est stimulante, se dire qu'on a encore vécu une année supplémentaire de bonheur. Avec le temps, la confiance augmente, ça rend le désir plus sincère. Je crois qu'aujourd'hui, on ne pourrait plus vivre l'un sans l'autre. C'est aussi l'image qu'on renvoie aux autres. Nos amis adorent notre couple.

Nous sommes libres, sans enfants, notre rencontre est plutôt romanesque. François est plus âgé que moi... Tu comprends, notre couple, c'est comme un défi quotidien. Tout ce à quoi nos amis voudraient croire pour eux-mêmes, nous l'incarnons. Nous ne pouvons pas nous permettre de décevoir ceux qui ont les yeux rivés sur nous ou, pire encore, nous décevoir nous-mêmes. »

Mathieu a fini son steak d'autruche braisé aux petits légumes, il regarde Margot et il la trouve belle dans son illusion. Il est touché par la façon dont elle a besoin de croire en son histoire.

« Moi, j'aime la fragilité. Ne pas savoir ce qui m'arrivera demain, une rencontre, une rupture ou peut-être même rien. J'ai toujours pris tous les risques, il n'y a que comme ça que je me sente en vie. Une histoire d'amour où l'on cherche à me rassurer, au bout de quarante-huit heures, ça me donne l'impression de vivre immergé dans une piscine de formol. J'ai besoin de séduire, de perdre et de gagner. Je suis un joueur. »

En disant cela, Mathieu pose à peine son regard sur Margot et elle a l'intuition que la séduction dont il parle ne s'applique pas aux femmes. Mais elle n'ose pas le questionner à ce sujet. Elle reste dans le flou. Cela fait peut-être partie de ce qui lui plaît dans cette situation : ne pas savoir.

Margot et Mathieu marchent côte à côte sur la bande de sable mouillé, à la limite des vagues. La lune projette des éclats argentés à la surface de l'eau.

Au bout de la plage, au-delà du cap, la baie est noyée

dans l'obscurité. L'éclairage s'arrête au bout de la promenade des familles. Il faut marcher longtemps pour arriver au secteur où les hommes se retrouvent. Avant, lorsque Mathieu avait dix-sept ans, on trouvait des marins soviétiques au pied de la digue, à marée basse. Des corps massifs s'étalaient contre la pierre verte de mousse à l'entrée du port, le pantalon d'uniforme et la culotte de coton blanc tombés sur les chevilles : il n'y avait qu'à se servir. Quand Mathieu s'approchait, les marins étaient doux avec lui. Lorsqu'il était à genoux devant eux, ils lui caressaient la tête, le guidaient en passant leurs gros doigts dans les boucles de ses cheveux. Au moment où leurs mains se contractaient sur son crâne, Mathieu savait qu'il fallait se retirer pour ne pas avaler. Aujourd'hui, l'Union soviétique n'existe plus, il n'y a presque plus de bateaux dans le port et la digue est déserte. On est obligé de se rabattre sur les professeurs de collège et les employés des impôts qui cherchent la bonne fortune au pied du cap.

Margot se dit qu'elle ne vient jamais marcher avec François sur la plage après dîner. Cette journée est singulière. Elle a l'impression de se retrouver dix ans en arrière, comme si la vie s'ouvrait toute grande à nouveau devant elle mais de façon moins cruelle, moins effrayante. L'envie lui vient de retrouver François pour lui parler.

« Mathieu, François a dû rentrer de l'hôpital, je vais remonter chez moi.

— Tu viendras me voir à Paris ?

— Oui, je pourrais venir un week-end où François est de garde.

— J'ai deux chambres, je pourrai te loger. »

Margot embrasse Mathieu et s'éloigne en se retournant plusieurs fois. Il avance droit sur le cap, au bout de la plage, les deux mains au fond des poches. Il a quinze ans, il fredonne une chanson russe, le nez au vent.

Lorsque Margot franchit la porte de l'appartement, tout est éteint et le lit est vide. Sur la table, il y a un mot.

Je suis rentré à neuf heures. Je ne t'ai pas trouvée. Je sors. Baisers. François.

Margot reste longtemps sous la douche, se savonne plusieurs fois, lave ses cheveux comme si elle sortait du lit d'un amant. Elle enfile une chemise de nuit et se met au lit. Elle reste longtemps sur le dos, les yeux ouverts, sans trouver le sommeil. Elle se lève, ouvre le tiroir du petit bureau, au pied du lit. Elle choisit, parmi les cartes postales rapportées des musées qu'elle a visités, un collage bleu de Matisse.

Mathieu,
Ce petit mot pour te dire que je suis heureuse de t'avoir revu, par hasard, grâce à Marin.
J'espère qu'il y aura encore d'autres soirées comme celle-ci. Je t'embrasse.

Margot.

Elle se recouche et s'endort rapidement. Elle ne se réveille pas lorsque François se glisse dans le lit au petit matin avec sur lui une odeur étrangère.

Il avance d'un pas régulier au milieu de la route, le regard posé droit devant lui. Il porte une chemisette à carreaux bleus et blancs, un vieux pantalon coupé aux genoux, ses grosses chaussettes blanches tombent en accordéon sur ses brodequins de cuir bien cirés. En bandoulière, la sangle passée en travers de son corps comme un facteur, un petit sac de Skaï bleu marine et blanc repose sur ses fesses. Il n'est encore qu'un point minuscule dans le paysage.

Margot est occupée depuis le matin à décaper la porte de la chambre. La dernière fois qu'elle est venue à la campagne, elle s'est attaquée à l'encadrement, grattant l'enduit et le plâtre jusqu'à retrouver le linteau en pierre blanche du pays. Aujourd'hui, elle s'est mis en tête de faire une patine à l'ancienne sur la porte.

François s'arrête en pleine campagne, au croisement de deux routes minuscules, devant une cabine téléphonique. Autour, il y a des vignes, des tournesols et un champ d'artichauts. C'est un de ces téléphones sur lesquels on tombe au hasard d'une promenade à vélo et qui donne immédiatement envie de passer un coup de fil à n'importe qui, seulement pour le plaisir de décrire le paysage alentour. Il compose un numéro mais personne ne répond.

François vient de terminer son troisième café. Il traverse la rue, abandonnant ses affaires sur la table et rentre à nouveau dans une cabine téléphonique. Cette fois, on décroche à l'autre bout de la ligne. Les clients assis à la terrasse du café observent son air niais, ses yeux perdus dans le vague, sa façon de murmurer en arrondissant la bouche. Il raccroche enfin, après avoir embrassé le combiné, ramasse ses paquets, paie les cafés et remonte dans sa voiture. Il ouvre les deux fenêtres en grand, met l'autoradio à plein volume et fonce sur les petites routes de campagne en se concentrant sur son retour à la maison, s'attachant à se composer une mine acceptable. La première occupation qui l'absorbera entièrement sera l'allumage du barbecue pour avoir de belles braises lorsqu'ils passeront à table.

En arrivant dans le jardin, François a la surprise de trouver un garçon assis sous le cerisier. Il n'est pas très grand, sa peau est foncée, avec des reflets cuivrés et son visage a quelque chose de l'Inde et de l'Afrique. Ses pieds sont immenses, chaussés de brodequins qui lui enveloppent les chevilles. Il a posé ses longues mains à plat sur ses cuisses comme un enfant sage qui attend son tour au confessionnal. François n'ose même pas lui demander ce qu'il fait là, tant son sourire impose une autorité tranquille et douce. Il rentre dans la maison pour demander des explications à Margot.

« C'est qui, dehors ? Qu'est-ce qu'il attend ce môme ? »

Margot est restée toute la matinée devant sa porte, elle ne comprend pas ce que François lui demande. Elle le suit jusqu'au jardin. Ils s'arrêtent sur le pas de la porte et le garçon les regarde en souriant. Ses yeux sont plissés comme ceux d'un chat à l'affût, il en émane une intensité, qui empêche de regarder ailleurs. Margot est complètement fascinée par le garçon. Elle ne bouge plus, elle ne parle pas. C'est François qui lui demande son nom.

« Luc… On m'appelle Luc. »

Il a une voix grave pour son âge, un peu rugueuse. Dans le silence qui suit, Margot et François échangent un long regard puis François entoure de son bras les épaules de sa femme. Il dit qu'ils vont bientôt manger, qu'il va préparer le feu. Margot demande à Luc s'il a faim, il lui répond d'un hochement de tête affirmatif.

François se dirige vers la cave à bois et Luc le suit. Entre le bûcher et le tas de sarments, Luc tend ses bras à François pour qu'il les charge de bois. Au moment où Luc se retourne pour sortir de la cave, François remarque son petit sac de sport accroché au bas du dos.

Luc s'est accroupi devant l'auge en tôle et, le visage tout près des flammes, il souffle pour aviver le feu. François revient de la cuisine avec une planche à découper sur laquelle il a posé une côte de bœuf et des aromates.

« Il faut encore attendre pour mettre la viande. Tout le charbon doit être rouge comme le feu. »

Margot rejoint François à la cuisine et, ensemble, debout devant la grande table, ils découpent des légumes en silence. Il y a dans leurs gestes une précision calme et heureuse. Margot qui n'a aucune patience pour la cuisine, parvient à détailler des filets de courgette d'une finesse que même François n'a jamais atteinte. Face à elle, il gratte des carottes nouvelles avant de les hacher pour la sauce et il encourage Margot d'un regard tendre. Ils sont tous les deux silencieux. L'arrivée de Luc dans leur domaine leur fait oublier le salpêtre sur les murs, la vidange de la fosse septique, le raccordement de l'installation électrique à la terre, l'odeur d'humidité dans la chambre.

Margot a fini. Elle pose son couteau, fait le tour de la table et vient se coller contre François. Elle le prend dans ses bras et blottit sa tête entre ses omoplates. Elle sent sa respiration régulière, les battements de son cœur.

Margot, François et Luc sont assis en tailleur dans l'herbe. Un peu plus loin, les braises qui ont servi à griller la viande et les légumes finissent de refroidir. Avec ses dents, Luc arrache un à un les derniers filaments de viande qui collent à l'os. Depuis le début du repas, Luc a parlé des vaches dans les prés, des vignes et du fleuve, du sable et des saules. Margot n'ose pas poser de questions mais il lui semble que certaines forêts aux arbres millénaires, certaines chutes d'eau, certains animaux qui peuplent les récits de Luc sont très loin d'ici. Mais Luc ne donne aucune précision sur l'endroit d'où il vient.

Une fois qu'il n'y a plus rien à manger, Luc déplie ses jambes, il retire enfin son sac en passant la bandoulière par-dessus sa tête et s'en sert comme oreiller. La tête bien calée, il se roule en boule entre deux buissons et il s'endort presque immédiatement. Il se met à ronronner avec de petits sifflements aigus qui enflent progressivement et finit par ronfler comme un jeune lion. Margot et François le regardent. Il la prend par la main et l'entraîne vers la chambre.

Ils se déshabillent lentement, avec des gestes mesurés comme s'ils craignaient de rompre le charme de ce moment. Ils sont tous les deux nus face à face, ils s'observent et remarquent qu'il y a quelque chose d'équilibré et d'esthétique dans la rencontre de leurs corps.

Pour une fois, François ne calcule pas ses gestes. Il se laisse guider par son instinct. Il ne sait même pas ce qu'ils font là, dans cette chambre, François a tout oublié. Au moment où leurs sexes se rencontrent, glissent l'un dans l'autre et s'étreignent, François retrouve des images du passé, Margot dans la voiture sur un parking, en pleine nuit devant la mer, sur la table de la cuisine… François jouit bruyamment, et, s'il pouvait y être attentif, il verrait de la frayeur dans les yeux de Margot. Avant que sa tête ne retombe sur le corps de Margot, François a juste le temps d'apercevoir à la fenêtre Luc qui a dû suivre une bonne partie de la scène en souriant. Margot n'a pas pu le voir. François ferme les yeux et Luc disparaît.

François prépare un lit pour Luc. En fin d'après-midi, après une douche fraîche qu'elle a partagée avec François, Margot s'est demandé ce qu'elle devait faire. François finissait de se rincer les cheveux, elle se concentrait sur son visage dans la glace et, à travers le rideau de douche, elle lui a demandé ce qu'ils risquaient à héberger un inconnu, s'ils ne devraient pas prévenir quelqu'un de son arrivée chez eux. François n'a d'abord pas répondu, et, un instant, elle a espéré qu'il n'avait pas entendu ses craintes et ses doutes. Puis il a tiré le rideau de douche très calmement et lui a fait face.

« Tu voudrais qu'il reste avec nous ? »

Margot s'est dit qu'elle ne s'était pas trompée en choisissant François ; elle a décroché un drap de bain et s'est mise à le frotter énergiquement pour le sécher.

Luc entre dans la chambre et retire ses brodequins. Il les pose, bien parallèles au pied du lit. François et Margot sont debout contre l'armoire. Sans se soucier de leur présence, Luc se déshabille et se glisse, en slip, entre les draps. François est gêné par la nudité de Luc. Il n'a pas pu s'empêcher de remarquer ses cuisses longues et imberbes, ses fesses rondes accrochées très haut. Margot, elle, ressent un trouble très agréable en détaillant les épaules fines et les pectoraux bien dessinés de Luc. Sa peau noire semble très douce. Elle se dit que Luc est encore un môme, qu'elle ne risque rien à le trouver séduisant. Elle prend François par la taille et l'entraîne hors de la chambre.

Luc fouille dans son sac. Il en sort de vieilles cartes routières usées, des pelotons de ficelle de toutes les grosseurs, des pinces à linge et une petite édition reliée en toile blanche avec son titre marqué à la pâte rouge : l'Ecclésiaste.

Margot et François sont assis chacun d'un côté du lit, ils délacent leurs chaussures en silence. Leurs corps pèsent lourd, comme après une longue journée de travail aux champs, comme après des années d'usine, comme après que les enfants sont élevés et qu'ils sont partis vivre leur vie. Ils se laissent glisser l'un vers l'autre au centre du lit, aspirés par le creux que leurs corps, avec le temps, ont formé au milieu du sommier. Couchés sur le côté, ils s'enlacent jusqu'à faire coller leurs peaux, centimètre par centimètre. Margot pose ses pieds sur ceux de François et il les attrape entre ses orteils, comme au temps de leurs premières nuits d'amour.

Lorsque Luc pénètre dans la chambre de Margot et François en serrant son livre contre sa poitrine, il les trouve profondément endormis. Leurs corps se sont dessoudés, ils reposent chacun de leur côté du lit.

C'est Margot qui se réveille la première, surprise par l'ampoule qui l'éblouit.

« Qu'est-ce que tu fais ?

— Je ne peux pas dormir, j'ai envie d'être avec vous. »

Margot secoue François. Il grogne avant d'ouvrir un œil.

« François, regarde qui est là… »

Il est deux heures du matin et Luc ne dormira pas. François essaie de se souvenir à quand remonte sa dernière nuit blanche. Était-ce vraiment la veille de son mariage, n'y en a-t-il pas eu d'autre depuis ? Autour de la maison, tout est silencieux ; c'est justement ce qu'il aime à la campagne, ce calme la nuit. Il suggère d'aller faire un tour en voiture.

La voiture roule en phares et l'on voit briller sur le bas-côté les fils de fer neufs qui soutiennent les rangs de vigne. Luc fouille dans les cassettes. Les premiers accents de violon de *La Jeune Fille et la Mort* s'élèvent dans la nuit. La voiture de sport de François ne possède pas de banquette arrière. Luc a dû s'asseoir entre François et Margot, en plaçant ses deux jambes à droite du levier de vitesse. François appuie sur l'accélérateur et la voiture file dans l'obscurité. Dans les villages qu'ils traversent, il n'y a plus une lumière aux fenêtres. La voiture longe la Loire, la nuit est claire, la lune se reflète dans l'eau et son image bouge avec le courant. On a du mal à distinguer les taches de lune des bancs de sable.

Arrivé à Saumur, François décide de faire demi-tour pour prendre la direction de Rennes. La voiture traverse une zone de travaux, la route est bordée de rubans orange qui matérialisent les bas-côtés. Le seul véhicule qu'ils doublent est un camion frigorifique transportant du poisson.

Au centre de Rennes, des jeunes gens boivent de la bière en riant, assis sur les marches d'une église. Au fond d'une impasse, des lueurs orangées attirent leurs regards. Des flambeaux encadrent une porte cochère d'où sort un flot de musique.

À l'intérieur, il n'y a presque plus personne. Devant le bar, un piano droit joue tout seul. Margot, François et Luc s'installent autour d'un tonneau et le patron leur apporte trois grosses chopes de bière blonde. Il claque dans ses doigts. Un homme s'avance vers le piano. Il retire la carte perforée et s'installe au clavier. Un petit bonhomme minuscule saisit son saxophone qui lui descend jusqu'aux genoux et une femme en robe blanche s'approche d'eux en traînant les pieds. Dès les premiers accords, elle semble épuisée par la vie, elle s'accroche au piano pour ne pas tomber. Elle chante en anglais des mélodies que tout le monde connaît. Le patron pose devant elle sur le piano un verre rempli d'alcool qu'elle avale d'un trait.

La femme en blanc chante encore « *The way he wears his hat, oh no, they can't take that away from me...* » et puis, elle passe derrière le bar, saisit un cabas en moleskine à motif écossais d'où dépassent des aiguilles à tricoter et se dirige comme une tortue vers la sortie.

Margot, François et Luc sont debout dans l'impasse. Le bar vient de fermer. Immobiles, le nez au vent, ils jouissent tranquillement du privilège d'être réveillés à l'heure où tout le monde dort.

Margot pense à une croisière en paquebot. Tous les passagers sont couchés, seuls restent sur le pont à cette heure avancée de la nuit quelques membres d'équipage insomniaques. Il faut du temps pour les approcher, leur univers d'hommes est bien gardé mais, en leur montrant qu'elle sait boire et qu'elle ne pose pas de questions, ils l'intégreront peut-être à leur petit cercle nocturne. Margot rêve à leurs grosses mains posées comme des poissons morts sur le bastingage.

François imagine que bientôt, avant l'aube, les pêcheurs embarqueront pour aller relever les filets et les casiers. Leurs réveils sonnent, leurs femmes se retournent dans le lit en appuyant sur le bouton pour faire taire la sonnerie. Ils savent que dans cinq minutes, au grand maximum, il leur faudra poser un pied à terre. Ils inspectent la tension de leurs muscles, évaluent leurs forces. Depuis toutes ces années, ils n'ont même pas réussi à s'habituer au réveil qui sonne en pleine nuit pour les appeler en mer. Leurs jambes leur font mal en touchant le sol, ils ont les maxillaires raidis par la fatigue, le nez bouché, et pourtant ils se lèvent. Dans un quart d'heure, ils seront sur le pont de leur bateau.

Luc rêve de s'embarquer sur un cargo pour les Caraïbes. Un marin de quarante ans, un peu désabusé, ressemblant à Marlon Brando, le prendrait sous son aile et le défendrait au réfectoire contre les matelots qui voudraient lui réduire ses portions. La nuit, ils organiseraient d'interminables parties de poker pour dépouiller le capitaine. Aux escales, il n'aurait que quelques heures pour profiter de la vie à terre, il faudrait aller très vite. Luc goûterait à tout de façon désordonnée et il apprendrait la vie plus vite que les autres mômes de son âge. Les premiers temps, on lui confierait le nettoyage des latrines et le lavage du pont. Plus tard, peut-être, il aurait le droit de toucher aux cordages.

Le ciel commence à rougir lorsque François se gare au pied du Mont-Saint-Michel. Ils montent tous les trois au pas de course et arrivent essoufflés au sommet. Le rose s'étire longuement sur la crête argentée des vagues.

C'est François qui se réveille le premier. Il va au frigo et boit un reste de jus de pomme au goulot. Il met de l'eau à chauffer pour le thé et retourne vers les chambres pour surprendre Luc dans son sommeil.

Le lit est vide, les draps ont été tirés ; il n'y a pas un faux pli, toute la chambre est en ordre mais Luc n'est pas là. François scrute les recoins de la pièce à la recherche du petit sac en Skaï bleu marine.

François glisse sa main sous les draps. Le lit est déjà froid, il ne reste de Luc qu'une odeur poivrée. Au bout de ses doigts, il sent le contact rugueux d'un morceau de papier. Ça ressemble à la page de garde d'un livre où sont tracés quelques mots à l'encre rouge.

Le bateau partait dans la nuit. J'ai couru pour l'attraper. Un jour, de nouveau, je serai à quai.

Le papier à la main, François fait le tour du jardin. Il passe devant le buisson où Luc faisait la sieste, va jusqu'aux caves, remonte sur le pré du côté du noyer. Luc n'est nulle part.

François reste longtemps prostré devant son bol de

thé, assis à la table de la cuisine. Margot se lève. François lui annonce la disparition de Luc. Elle s'assied à l'autre bout de la table et baisse la tête en regardant fixement le fond de sa tasse.

La journée est interminable. François et Margot se fuient, chacun à une extrémité de la maison. À un moment, François pose sa main sur l'avant-bras de Margot. Elle recule en faisant un bond et éclate en sanglots.

François se réfugie dans l'obscurité de la cave à vin. La nuit est tombée lorsqu'il ressort, les yeux rouges. Il rentre dans la maison. Margot s'est installée dans le lit de Luc : elle dort, roulée en boule. François remonte sur le pré à l'entrée de leur domaine. La voiture est là. François met le contact et glisse *La Jeune Fille et la Mort* dans le lecteur de cassettes en laissant la portière ouverte. Debout sous le noyer, il s'adosse au tronc pour pleurer. Dans son dos, la maison est presque finie. Plus que quelques carrelages à choisir… Il est question de faire un voyage au Portugal et de les rapporter de là-bas. Ils y sont arrivés, la maison ressemble à leurs désirs, les arbres qu'ils ont plantés donneront bientôt des fruits. Pourtant, quelque chose est en train de se produire. Ils ne sont plus que les spectateurs de leur dérive.

Dans la plaine en bord de Loire, François repère les lumières multicolores d'une fête de village. Par rafales, le vent apporte des sons qui viennent concurrencer Schubert. Après les rythmes saccadés de la *dance music*, François perçoit un immense concert de voix qui reprennent une chanson en chœur. Lorsque la musique d'accompagnement baisse, les voix reprennent de plus belle. François reconnaît alors la chanson. C'est *Place des Grands Hommes* que chantait Patrick Bruel il y a quelques années. Elle passait le matin, à la radio, dans le bureau des internes, au moment où il a rencontré Margot. Il quitte son arbre et se réfugie dans sa voiture en claquant la portière pour se noyer dans Schubert.

François se réveille seul dans leur grand lit. Il se lève et constate que les volets de la maison sont fermés. Margot l'attend à la cuisine. Elle est très pâle. Les bagages sont posés à côté de la table, il n'y a plus qu'à fermer la porte. François reste silencieux. Il trouve un fond de thé tiède et l'avale d'un trait. Pendant que Margot s'occupe du disjoncteur et du robinet d'arrêt de l'eau, il charge les bagages dans le coffre.

La voiture avance très lentement sur les boucles de la route. C'est le chemin qu'a emprunté Luc pour partir, il n'y en a pas d'autre. Margot regarde fixement par la fenêtre, tournant pratiquement le dos à François. Lorsque la voiture rejoint la départementale, il appuie sur l'accélérateur. Ils n'ont toujours pas échangé une parole depuis la veille. François n'ose même pas mettre de musique. Alors que la voiture roule à toute allure sur l'autoroute, Margot prend l'initiative de mettre du fado pour pouvoir pleurer tranquille. La voix d'Amália Rodrigues remplit le vide.

« C'est quand même un comble, pense Mathieu en s'engageant sur l'escalator d'Orly, pendant ces vacances dans les Cyclades, je me suis tapé plus d'Allemands que de Grecs… »

En se dirigeant vers la salle de retrait des bagages, il ne peut s'empêcher de penser à Margherita.

Il avait couru dans le RER pour finalement arriver devant les portes closes de l'Orlyval qui, il l'ignorait, ne fonctionnait plus après une certaine heure. Il avait pris un taxi à Antony pour aller jusqu'à l'aéroport et avait foncé jusqu'au tableau des arrivées pour constater que l'avion était annoncé avec un retard d'une demi-heure.

Le flot volubile des voyageurs en provenance de Rome avait finalement rempli le hall d'arrivée et Mathieu avait très vite repéré Margherita avec son manteau gris souris au milieu de la foule. Elle avait le visage d'une femme trop amoureuse, Mathieu en était effrayé. Elle s'était jetée dans ses bras et il s'était senti très mal à l'aise. Il n'avait pas passé dix ans à embrasser des hommes dans la rue, s'interdisant de remarquer le regard offusqué des vieilles qui promenaient leurs chiens, pour finir coincé dans une case de roman-photo. À sa façon, Mathieu avait essayé de se montrer à la hauteur de la situation. Il avait refermé ses bras sur Margherita, cachant son visage au creux de son cou pour ne pas risquer d'être reconnu. Elle était là contre lui parce qu'il l'avait invitée. Il était trop tard pour reculer.

En descendant l'escalier, Mathieu avait récapitulé tout ce qu'il avait fait au cours des dernières semaines. Il était parti de chez Maxime, avait loué un deux-pièces en quarante-huit heures, refait la peinture, rassemblé quelques meubles, acheté une batterie de casseroles à Montreuil, accroché des photos aux murs, décapé les sanitaires. Le jour même, il avait acheté un bouquet de tulipes et un bourguignon était en train de mijoter dans la cuisine. Il avait aussi pensé à acheter du Campari et du vin blanc, tout était en ordre. Tout lui semblait prêt pour un bonheur qui n'était pas le sien.

Lorsque Mathieu avait rencontré Margherita, il avait immédiatement senti pour elle une sorte de sympathie très tendre. Lorsqu'il entendait sa voix grave et qu'elle lui parlait en italien, il se sentait bien. Un soir, elle l'avait embrassé. Il s'était laissé faire. Ensuite, flatté dans son orgueil, Mathieu avait pris les choses en main pour provoquer, quelques jours plus tard, leur première nuit d'amour. Mathieu en garde un souvenir agréable mais il se souvient aussi d'une vraie gêne au matin, se réveillant aux côtés de Margherita.

Peu habitué aux relations amoureuses avec des femmes, Mathieu s'était très vite piégé en imaginant une vie de famille, des enfants, chose qui l'effrayait et le tentait à la fois, se présentant toujours comme des images de la vie des autres dans lesquelles il faudrait se couler quitte à baisser la tête ou à se contorsionner pour rentrer à tout prix dans le cadre. Dans l'intimité d'une chambre, Mathieu parvenait à se sentir à l'aise mais il lui était impossible de se voir avec Margherita aux yeux du monde. Il se sentait enfermé dans un rôle que lui seul s'était assigné. Mathieu aurait dû s'inventer une histoire qui lui ressemble mais il avait été trop paresseux. Aujourd'hui encore, il considère cet épisode comme l'un des plus grands échecs de sa vie.

En saisissant sa valise et son ballot en toile rempli de pistaches, d'huile, de miel et de fromage, il se revoit attrapant le sac de voyage de Margherita. Il est penché sur le tapis roulant, Margherita vient de reconnaître ses bagages et elle les lui a désignés. Tout près du caoutchouc noir qui défile sous son nez, Mathieu pense que son visage échappe au regard de Margherita. Il se laisse aller, il n'a que quelques secondes pour faire la gueule et il en profite. Son bras saisit la bandoulière. Le sac pèse une tonne. Quand il se relève, il affiche un sourire crispé. Margherita n'a pas perdu une miette de la scène et elle lui demande si ça va, si le sac n'est pas trop lourd. Agacé qu'on puisse mettre en doute d'abord sa force, ensuite sa joie de retrouver la femme de sa vie, Mathieu répond que tout va bien de façon un peu agressive. Il y a des fleurs sur la table, le ragoût mijote, tout va bien.

Sa valise en main, Mathieu se dirige vers les taxis. Il est heureux d'être seul, de ne pas avoir à raconter son voyage à quelqu'un qui serait venu l'attendre. Après ce flot de souvenirs, il se sent étrangement libre.

Mathieu avait fini par dire à Margherita qu'elle devait repartir à Rome. Il s'était trompé, leur histoire n'avait aucun avenir. Pendant les quelques jours qui leur restaient à vivre ensemble, tout était alors devenu plus simple. Mathieu se souvient d'une sexualité assez débridée pendant ces jours où ils attendaient un avion.

Depuis, Mathieu a eu, deux ou trois fois, sans grande conviction, des histoires avec des femmes. À chaque fois, il passe la soirée à répéter qu'il est homosexuel et le redit même, avec plus ou moins d'humour, le matin au réveil. Une fois, une fille lui a répondu en se tournant dans le lit pour se rendormir : « Ça tombe bien, moi, je suis lesbienne… », et Mathieu a trouvé que ce sens de la repartie augurait bien de l'avenir. D'ailleurs, leur histoire a duré, épisodiquement, jusqu'à ce qu'elle tombe amoureuse et se consacre exclusivement à l'objet de son amour, un homme que Mathieu a instinctivement trouvé vulgaire, bête et prétentieux.

Le taxi descend le boulevard Saint-Michel et, étrangement, ce parcours n'évoque rien à Mathieu. Aujourd'hui, après plus de dix ans passés à Paris, chaque quartier, chaque carrefour, les noms des rues, les bancs et les cabines téléphoniques tissent un réseau de souvenirs liés à des personnes ou à des événements. Il peut passer des heures à marcher seul dans les rues de Paris, se déplaçant au cœur d'une ville intime surpeuplée qu'il s'est construite avec le temps. Mathieu revoit le défilé d'Act-UP, le 1ᵉʳ décembre, journée mondiale de lutte contre le sida, et aussi une boutique en dessous de la place de la Sorbonne où il avait acheté, en arrivant à Paris, une série de tee-shirts américains XL à vingt francs que sa mère, un week-end où il était rentré en Auvergne, avait lavés à 90 degrés et donnés aux petits neveux d'Aurillac qui avaient à l'époque une dizaine d'années. Depuis, lorsque des amis lui rapportent des tee-shirts de New York, Mathieu ne les porte qu'une soirée, frotte la moindre tache au savon de Marseille dans la minute où elle s'est formée et ne les lave jamais à plus de 30 degrés.

Le taxi franchit *la porte des Archives*, celle du BHV, pour pénétrer dans le Marais. Après la rue de Bretagne, il dépasse le cirque d'Hiver et remonte la rue Oberkampf. Mathieu est arrivé chez lui.

Lorsqu'il vivait avec Maxime, Mathieu avait le sentiment de rentrer à la maison en arrivant chez eux. Ça sentait la soupe, le linge propre, l'eau de toilette, les vieux livres, les citrons mûrs et le savon de Marseille, toutes les odeurs rassurantes qui donnent l'impression d'avoir des racines, de ne pas venir de nulle part. Depuis qu'il vit seul, en rentrant dans son appartement sous les toits, Mathieu a l'idée qu'il revient à sa cabane. Tout peut traîner, s'accumuler, se stratifier, personne ne lui demandera de mettre de l'ordre.

Mathieu fait glisser le contenu de la boîte aux lettres dans la poche extérieure de sa valise. Une fois franchie la porte de son appartement, il ouvre son courrier tout en écoutant le répondeur. Il y a plusieurs cartes postales, des messages « juste pour faire signe » ; Mathieu se sent entouré, tout va bien.

Mathieu entre au restaurant en passant par la porte des cuisines qui donne dans sa cour. Le cuisinier quitte ses marmites et s'essuie les mains sur le tablier pour venir le saluer. La patronne l'embrasse et l'accompagne jusqu'à une petite table tout près du poste de télévision. Elle lui demande comment se sont passées ses vacances en s'attachant exclusivement à savoir s'il y avait du soleil et s'il s'est baigné. Mathieu sourit intérieurement mais à y bien réfléchir il trouve cette façon de voir les choses assez reposante. Les vacances, ça serait fait pour dormir, bronzer et se baigner. Cette vision de la vie, le travail pour la gagner et les vacances pour la récupérer, est partagée par beaucoup de gens et peut-être qu'un jour, avec un petit effort, Mathieu parviendra à la faire sienne.

En mangeant, Mathieu fait semblant de s'intéresser au match de foot. La balle décrit une toile d'araignée compliquée en se déplaçant sur le terrain. Le jeu s'arrête, un des footballeurs rejoue une balle. Il y a de l'agitation dans la salle, ça semble être un moment capital. Finalement, tout le monde hurle de découragement. Mathieu n'a rien compris à ce qui se passait mais il espère que ça ne s'est pas vu. Le mari de la patronne se lève, vient lui serrer la main et lui murmure à l'oreille que la Tunisie est en train de perdre. Son assiette finie, Mathieu quitte le restaurant sans connaître l'issue du match.

Mathieu jette un œil au répondeur mais il n'a aucun message. Il prend une feuille de papier, étale sur la table son courrier et l'enveloppe sur laquelle il a noté les messages téléphoniques. Sur la feuille blanche, il trace un trait vertical. D'un côté, il inscrit ÉCRIRE, de l'autre TÉLÉPHONER. Suit une liste de noms. Il prend ensuite son agenda et note au crayon les dîners et les sorties envisageables pour la semaine à venir. Mathieu passe quelques coups de fil mais personne n'est là, il ne tombe que sur des répondeurs aux messages posés et distants, d'une sympathie fabriquée. Il raccroche et quitte son appartement.

Mathieu descend à pied vers le Marais. Il y arrive cette fois par *la porte des Filles-du-Calvaire* et reproduit un itinéraire qu'il connaît par cœur, passant devant tous les bars d'hommes. Mathieu jette un œil par les portes ouvertes, hésite puis poursuit son chemin. Il finit par se rendre compte qu'il a effectué un tour complet sans trouver d'endroit où aller. Il n'a plus qu'à entamer une deuxième tournée. Mathieu connaît bien le processus, il sent déjà le rouge lui monter au visage à l'idée qu'on l'ait suivi et qu'on découvre son impossibilité à se décider. Cela lui arrive aussi parfois au supermarché. Il prend un chariot à l'entrée comme tout le monde et, préoccupé par une chose ou une autre, il erre dans les

rayons, incapable de décider ce qu'il pourrait bien acheter à manger. Au bout d'un quart d'heure et passant
pour la cinquième fois devant les mêmes étalages,
Mathieu se voit soudain dans le regard des autres, il
imagine son air hagard, presque psychotique. Alors, il se
rabat sur les premiers articles venus qui encombreront
son frigo toute la semaine sans lui donner envie de cui-
siner.

Mathieu sait d'avance qu'à l'intérieur de ces bars,
quel que soit son choix, il sera déçu, agacé et même,
parfois, terriblement oppressé. Et pourtant, il est sorti
de chez lui pour y aller, il doit se décider.

Mathieu franchit une porte et tous les regards se
tournent vers lui. Il se dirige d'un pas ferme vers le bar
et commande une bière pour s'occuper les mains. Le
barman a vingt ans. Avec une sorte de convivialité agressive, il lui fait répéter trois fois, en le tutoyant, qu'il veut
un demi. Il est habillé et coiffé comme tous les garçons
de son âge qui sont assis sur les tabourets du bar.
Mathieu paie sur-le-champ comme on le lui demande,
et se dirige vers le fond de la salle, contre une enceinte
qui martèle de la techno. Il s'applique à boire sa bière et
observe les hommes autour de lui. Ils se ressemblent
tous. On trouve tous les stades du mimétisme, du simple débutant au plus abouti. Ce qu'ils ont en commun,
c'est leurs ricanements. Régulièrement, toutes les deux
ou trois minutes, ils ne rient pas, ils ricanent. Ils s'agitent en grimaçant, secoués de haut en bas mais leurs
lèvres restent fermées, pointées vers l'avant. Si on les

débranche, s'ils s'arrêtent de ricaner dix minutes, ils vont se voir tels qu'ils sont et fondre en larmes.

Deux jeunes hommes jouent au flipper et leur concentration les rend sympathiques. Ils ne s'occupent pas de ce qui se passe à côté d'eux, absorbés par le jeu. Tout autour, pourtant, une meute de spectateurs s'est rassemblée, se passionnant pour la progression de la boule d'acier à travers son dédale de lumière. Les deux hommes sont torse nu sous leur salopette en jean.

Mathieu repère, au bar, un homme d'une bonne quarantaine d'années à l'air intelligent et serein. Il lui prend l'envie de parler avec lui. Il s'approche, sa bière à la main, et lui demande une cigarette. Il lui sourit et reste à proximité, suffisamment distant pour ne pas donner l'impression qu'il va sauter sur ses genoux mais assez près pour pouvoir parler si l'occasion se présente. Mathieu sourit une première fois puis une deuxième, l'homme répond aimablement à ses sourires mais ne se décide toujours pas à parler. Mathieu comprend, paniqué, qu'il va devoir engager la conversation. Il passe en revue dans sa tête toutes les premières phrases possibles, toutes plus idiotes les unes que les autres et finalement, entre deux bouffées, il remarque les chaussures de l'homme posées sur la barre de son tabouret. Ce sont de petites pantoufles chinoises, insolites dans ce lieu. Mathieu se dit qu'il habite peut-être au-dessus et qu'il est descendu en voisin avec ses chaussons. Il n'a pas de sac, pas de veste. Mathieu s'approche et lui demande s'il est du quartier. Il se trouve que l'homme aux chaussons vit à l'autre bout de Paris. Il demande à Mathieu dans quel quartier il habite, quel est son métier, son âge… Une fois établie la fiche signalétique, il lui propose d'aller boire une bière chez lui, il en a justement au frigo. Mathieu hésite un instant. L'homme a l'air gentil et assez seul, lui aussi. Il regarde au fond de la salle les jeunes gens aux muscles fermes, à la peau bronzée, au crâne rasé. Ils évoluent sans doute dans les volutes d'un parfum à la mode, musqué et violemment sucré. C'est plutôt avec l'un d'eux que Mathieu voudrait prendre un dernier verre, selon la formule consacrée. L'homme qui l'invite doit avoir les muscles avachis, il perd sûrement ses cheveux sur l'oreiller, son eau de toilette doit poudrer sur sa peau à la fin de la journée, son appartement sent le vieux garçon.

Mathieu décline l'invitation en disant qu'il rentre dormir. L'homme se lève très vite et disparaît. Mathieu commande une autre bière en agitant sa chope vide. En observant les jeunes corps qui l'entourent, il lui revient en mémoire que, dans ce genre d'endroit, le but du jeu n'est pas d'engager la conversation avec le plus intelligent mais avec le plus bandant. Mathieu cherche donc l'élu. Après plusieurs tours de salle, il jette son dévolu sur un petit brun. Son débardeur en coton blanc et son short coupé court laissent voir des muscles joliment dessinés. Son regard bleu clair a quelque chose d'outrageusement lubrique, accentué peut-être par l'alcool et le cannabis.

Mathieu jette un coup d'œil à sa tenue. Son tee-shirt délavé et flottant n'est même pas rentré dans son pantalon. Le modèle de baskets qu'il porte ne se fait plus depuis cinq ans. Il regarde le jeune éphèbe et se demande ce qu'il pourrait bien lui raconter pour entrer en contact avec lui et tenter de finir la nuit dans son lit. Il n'a pas l'air drôle, s'observe beaucoup, prend sa personne et sa condition très au sérieux. Mathieu constate, une fois de plus, qu'il n'a rien à lui dire. Il ne parvient même pas à formuler les quelques phrases qui préparent et accompagnent la rencontre sexuelle. Il finit sa bière et tourne les talons.

En arrivant chez lui vers une heure du matin, Mathieu trouve trois messages. Ils sont tous de Margot qui cherche à le joindre d'urgence. Au moment où il finit de rembobiner la cassette du répondeur, le téléphone sonne de nouveau. Margot a une petite voix.

« Téléphone, pour toi… »

Depuis que son John est rentré en Australie, Alexis prend un malin plaisir à se promener en slip dans l'appartement et à se caresser les fesses en passant devant moi. Là, il se vautre sur la couette pour me tendre le téléphone.

« C'est une fille… », chuchote-t-il avec une grimace.

D'un geste de la main, je lui fais signe de dégager. Il sort de la pièce à reculons en minaudant et, évidemment, il ne ferme pas la porte derrière lui. Il faut vraiment que je déménage. C'est bientôt l'hiver, j'aimerais être au chaud chez moi, tranquille dans mon lit pour affronter ces longs mois où le soleil se couche en plein après-midi. Après le déjeuner, j'appellerai le notaire pour exiger une date de signature.

Margot a une petite voix toute guillerette, comme une vieille copine d'enfance, c'est un plaisir de l'entendre. Après avoir été réveillé par Alexis exhibant sous mon nez la ceinture de son slip Calvin Klein, entendre la voix de Margot me remet de bonne humeur.

Elle veut me voir. Je réfléchis à la journée qui m'attend. Je fais très vite le tour de la question, je n'ai rien à faire, rien de prévu. La tentation est grande de rester tout seul, ne voir personne, profiter d'une journée entière de solitude, mais je me dis qu'il sera agréable de voir Margot et je propose aujourd'hui.

Il me revient qu'hier soir en me couchant je me suis juré de me remuer un peu. Il faut dire que je rentrais d'un dîner copieux et bien arrosé. Un peu de piscine me ferait du bien. Je demande à Margot si elle a emporté un maillot de bain dans son sac de voyage, elle me répond qu'elle a toutes ses affaires avec elle puisque, maintenant, elle vit à Paris. Nous nous donnons rendez-vous dans le bassin.

Je suis arrivé en avance pour pouvoir faire mes longueurs tout seul. Je glisse sous l'eau les yeux ouverts. Je sens le fond s'approcher de mon visage puis l'air m'appelle à nouveau. Mon corps est entièrement accaparé par sa respiration et ses mouvements. Mon esprit tourne à toute vitesse comme une horloge bien huilée. Aucune pensée ne s'attarde, elles glissent les unes sur les autres au rythme de ma respiration. L'air chasse une idée après l'autre. Comme dans un diaporama qui se serait emballé, tout est effleuré avec légèreté. Je sens la pression de l'eau tout autour de mon crâne, ma cage thoracique s'ouvre et se referme, mes jambes fouettent l'eau, je ne suis plus qu'une mécanique de chair. Je n'ai pas écrit une ligne depuis six mois, ma vie affective est un naufrage, je me dis parfois que je n'emménagerai jamais dans mon appartement, mais je nage. C'est, en soi, une victoire. Faute de pouvoir voler, je nage.

À la pause des cinq cents mètres, je lève les yeux vers les balcons où s'alignent les cabines. J'aperçois Margot en tailleur sombre, elle cherche à ouvrir une porte. Elle tambourine, pousse, tire, sans résultat. Le garçon de bains arrive en hurlant et il réclame ses deux francs avant de lui ouvrir. Depuis notre dernière rencontre, Margot a changé.

Lorsqu'elle sort de sa cabine et se dirige vers les escaliers qui mènent aux douches, je nage en diagonale jusqu'au bord pour la retrouver. Elle porte un maillot unepièce très échancré, elle a attaché ses cheveux avec une pince en plastique bleu sur le dessus de sa tête.

Nous commençons à nager en échangeant quelques phrases insignifiantes, comme on le fait avec quelqu'un qu'on connaît peu. Je réussis à comprendre qu'elle est à Paris sans son mari, qu'elle vit pour le moment chez Mathieu.

Margot est venue, elle aussi, pour nager. Elle fait ses longueurs en brasse et je la suis. C'est une bonne nageuse, je me cale sur son rythme et j'avance. Je regarde flotter les corps autour de moi. C'est un monde amorti, sans collisions, les frottements entre les gens semblent faciles, sans douleur. Juste dans mon champ de vision, à un mètre cinquante devant moi, l'échancrure du maillot de bain de Margot laisse apparaître, lorsqu'elle contracte les muscles pour rassembler ses jambes, quelques poils clairs. Je comprends soudain ce

qui a changé en elle. La dernière fois que je l'ai vue, elle
était blonde. Margot s'est teint les cheveux en brun.

Après une longue douche, je remonte à ma cabine,
tout propre. Le temps que je me rhabille, que je me
démêle les cheveux, que je me mette de la crème hydratante, du déodorant, de l'eau de toilette, du fongicide
sur les pieds, Margot est, évidemment, déjà prête. Elle
m'attend dans le hall et me fait un sourire, m'épargnant
l'éternel « Et on dit que ce sont les filles qui sont
longues à se préparer !… », ce que j'interprète comme
une marque de bon goût.

En sortant, je lui montre l'institut de linguistique de
la rue des Bernardins où j'ai passé quelques jours, le
magasin de produits bretons sur le boulevard, une église
à ne fréquenter sous aucun prétexte, le petit chinois du
pied de la montagne Sainte-Geneviève, la librairie de
bandes dessinées de la rue Dante, le Vieux Campeur,
l'agence de voyages où l'on trouve des billets pas chers
pour les Antilles, le Champo, la pâtisserie viennoise de
la rue de l'École-de-Médecine, la statue de Danton et,
pour finir nous atterrissons dans le petit café tout en
Formica en face du fleuriste très chic de l'Odéon.

Nous nous asseyons à une petite table entre une
misère et un bégonia. C'est incroyable à quel point la
couleur de ses cheveux modifie l'image de Margot.
J'avais le souvenir d'une fille timide, baissant la tête, le
genre de femme qu'on regarde à peine et qu'on classe
rapidement dans les physiques ingrats. Or, pour l'avoir
vue en maillot de bain, je sais qu'elle est belle et aujour-

d'hui, dans le bar, tous les regards se tournent vers elle. Son port de tête et sa façon de soutenir les regards la rendent flamboyante.

« J'ai décidé que je ne méritais pas de gâcher ma vie. Nouvelle tête, nouvelle vie. Je m'installe à Paris. »

Margot me parle longuement d'un jeune homme très beau qui a bouleversé sa vie. À la façon dont elle s'exprime, je comprends que la sensualité qu'elle évoque ne s'est pas matérialisée sexuellement. Il y a quelque chose de mystérieux dans la séduction qu'elle décrit. J'en viens à me demander si ce Luc dont elle parle existe, ou si ce n'est qu'une apparition venue troubler son sommeil.

« L'instant d'avant, il n'y avait rien. Puis il est arrivé et là, j'ai tout compris. Quand il a disparu, je n'étais plus la même.

— Chez les chrétiens, on appelle ça la grâce… »

Margot sourit par politesse et je sens qu'elle n'est pas loin de prendre mes paroles au premier degré. Comme à aucun moment elle ne me parle de son mari, je finis par lui demander où il est.

« Nous nous sommes séparés sans cris, comme une amande se détache de son enveloppe. »

Cette fois, je n'ose pas lui demander qui est l'enveloppe racornie et qui est la jeune et fraîche amande protégée du monde par sa coquille.

« Tout ça s'est fait très vite. François parle de déménager en Bretagne, moi, je monte à Paris. Il faut que je trouve du travail. J'ai l'impression qu'à nouveau tout est à faire, comme si j'avais une deuxième fois vingt ans. »

Naturellement, je demande des nouvelles de Mathieu.

Il va bien, c'est tout ce que je réussis à savoir. Je sens qu'on approche du but. Margot s'agite, commande un deuxième café. Elle avait sûrement une idée derrière la tête quand elle m'a appelé.

« Tu ne veux pas une autre bière ? Tu continues à te déplacer beaucoup pour ton livre ? Je t'avais dit, Marin, j'ai beaucoup aimé. Mathieu aussi l'a lu. On en a beaucoup parlé. Il voulait t'écrire et puis, je crois qu'il n'a pas osé. Il était très ému, il s'est senti très proche de toi… Enfin, c'est ce qu'il m'a dit. Moi, je ne connaissais pas bien les histoires entre hommes. Ça m'a intéressée… »

Bon, nous approchons. Que cherche-t-elle à me dire en remettant mon livre sur le tapis six mois plus tard ? Elle est en mission pour Mathieu ? Il veut un dîner en tête à tête aux chandelles ? Je pourrais peut-être lui présenter mon Alexis, ça l'occuperait.

« Toi, Marin, par exemple, tu es homo et tu en parles dans tes livres…

— Je préfère que tu dises pédé, c'est nettement plus joli. Oui, je suis pédé, et alors ? »

Margot hésite, boit son café d'un trait puis pique du nez dans sa tasse. Enfin, elle relève la tête, plante son regard dans le mien et se lance.

« Je voulais te parler de Mathieu. Il ne m'a jamais rien raconté sur sa vie mais j'avais compris depuis longtemps. Sur la plage, au Havre, j'ai eu une vision. Nous t'avions mis au train et puis nous sommes allés dîner ensemble. Il y avait une drôle d'intimité entre nous. Quelque chose qui revenait de loin, de plus éloigné encore que nos années au lycée. J'ai senti, tout au long

de la soirée, une chose qui ne se disait pas. Mathieu
était charmant, attentif, doux aussi, mais il était ailleurs,
comme s'il avait laissé une part de lui-même au ves-
tiaire. Après dîner, nous sommes allés marcher sur la
plage. Je me demandais si Mathieu allait me prendre
dans ses bras. À ce moment-là, c'était rare que je dîne
avec un homme, alors je m'étais fait tout un roman.
Nous avons marché assez loin l'un de l'autre et je sentais
que Mathieu avait des choses à faire, alors je suis rentrée. Je l'ai vu s'éloigner sur la plage. Il s'en allait pour
rejoindre un monde où je n'avais pas de place. J'ai pensé
au Sud, aux femmes qui tricotent sur un banc à l'entrée
du village pendant que les hommes sont rassemblés à la
sortie. J'ai pensé aux pêcheurs qui partent en mer,
femme de marin, femme de chagrin… J'étais certaine que
Mathieu allait retrouver des hommes. Immédiatement,
j'ai eu peur. Je ne savais pas à quoi ressemblait l'endroit
où il allait, je sentais qu'il était en danger. J'ai eu envie
de le rattraper, de le prendre dans mes bras pour le protéger, lui dire de faire attention. Mais, bien sûr, je suis
restée plantée dans le sable, tournée vers **le** large, à guet-
ter, déjà, le retour des bateaux. Plus tard, quand je suis
partie de chez moi, je ne savais pas où aller, c'est lui que
j'ai appelé. Il m'a dit que je pouvais arriver n'importe
quand, qu'il serait là. J'ai sauté dans le train avec mes
valises et j'ai débarqué dans sa vie. C'était étrange, mon
arrivée, nous ne nous connaissions pas vraiment et
pourtant, déjà, nous étions intimes. Mathieu, pas plus
que la fois d'avant, ne m'a raconté sa vie. Nous avons
préparé mon lit dans la deuxième chambre ; j'ai fait du

café, il a mis un poulet à cuire, j'ai épluché des pommes de terre : la vie était simple. Je me sentais tellement bien chez lui, j'étais en sécurité, rien ne pouvait m'arriver. Le lendemain soir, Mathieu est sorti retrouver des amis. Je suis restée seule à la maison et la peur que j'avais connue sur la plage du Havre est revenue. Toute la soirée, je me suis inquiétée pour lui. Mathieu est rentré, seul, vers quatre heures du matin. Dès que j'ai entendu ses pas dans le couloir et le bruit de la chasse d'eau, je me suis sentie à nouveau tranquille. Je sais que Mathieu est entré dans ma chambre sur la pointe des pieds et qu'il m'a caressé les cheveux. J'ai réussi à faire semblant de dormir mais son odeur lourde de transpiration et de cigarette me remplissait les narines. Le lendemain matin, j'ai dit à Mathieu que je ne voulais pas l'empêcher de vivre sa vie, que la porte de ma chambre fermait et que s'il avait envie de ramener un mec pour la nuit, ça ne posait pas de problème. Mathieu a pâli, il m'a demandé comment je le savais. J'ai souri. Enfin, il m'a dit que, en général, c'était lui qui se déplaçait. Ce qui est étrange, c'est que Mathieu, qui ne me touchait jamais, ne serait-ce que l'avant-bras, pour appuyer son propos, m'a fugitivement caressé la joue. Dès le lendemain matin, il est entré dans ma chambre avec le plateau du petit déjeuner, il a rampé jusqu'à moi sur le lit et il m'a réveillée en me caressant gentiment le front. Depuis, le petit déjeuner du matin dans mon lit est devenu une institution. Ces dernières semaines, il a organisé des dîners avec des amis chez lui. Il m'a rapporté ensuite qu'ils étaient tous dingues de moi.

Mathieu ne veut même plus que je cherche un appartement. Moi, je pensais ne rester là que le temps de trouver un boulot et puis, après, j'aurais pris un studio pour être chez moi. Mathieu veut me garder chez lui. D'ailleurs, moi, ça me convient, je me sens bien avec lui. Ce qu'il y a, c'est que nous ne couchons pas ensemble… Mais je n'ose pas aller voir ailleurs, je me sens coincée. Je ne sais pas qui je suis pour lui. Sa sœur, sa mère, sa bonne copine vieille fille ? »

Ma bière est finie, j'en commande une autre pour faire baisser la tension d'un cran. Je ne pensais pas affronter une confession de ce genre. Que faut-il répondre ? Que me demande exactement Margot ? Mon avis ? C'est terrifiant.

Je suis inquiet pour Margot. Je pense à toutes ces filles moches, complètement frustrées, qui passent leurs soirées accrochées au zinc des bars de pédés, et que toutes les folles trouvent super sympa. Je ne veux pas que Margot finisse en légume asexué, ses jolies fesses devenues avec le temps un gros cul qu'elle posera sur un tabouret de bar pour prêter une oreille complaisante à tout ce que le monde homosexuel compte de chagrins, de misère et aussi de vraies tragédies. À quoi rêvera-t-elle, le soir ?

La Marcelle Ségal qui sommeille en moi fait surface.

« Margot, tu vivras ce que tu dois vivre avec Mathieu. Votre histoire est très belle. Mais tu dois absolument avoir une autre vie. Sors de chez Mathieu, fais ta vie de ton côté. Il faut que tu rencontres un deuxième homme, dont tu sois amoureuse et avec qui tu baises. Je te semble peut-être vulgaire… Tu dois penser à ton corps. Tu es jeune, tu es belle, fonce. Ne deviens pas une madone intouchable, Sainte Mère des Vertus, tu n'as pas le profil. Ce qu'il y a de beau dans votre histoire, c'est que Mathieu sera toujours là pour toi, et toi, tu seras toujours là pour lui. Tu le sais… »

Et dans mon emportement, je saisis sa main sur la table et la garde dans la mienne.

« Mais si, par hasard, j'étais amoureuse de lui ?

— Rien ne t'empêche de vivre un grand amour platonique avec Mathieu et de baiser avec des hommes dont tu seras un peu moins amoureuse.

— Mais tu crois qu'avec Mathieu… c'est forcément platonique ?

— Je pense que tu le sais mieux que moi. »

Je reconduis Margot jusqu'à l'arrêt du 86. Ensuite, je traîne à Saint-Germain-des-Prés. Je finis par atterrir dans un café.

Je sors mon petit carnet noir.

Sur la plage du Havre, un homme, jeune encore, avance vers son destin. Il laisse dans le sable des empreintes bien dessinées. Loin derrière lui, une petite fille trottine à sa poursuite sans se demander où ces traces la mèneront.

Mathieu rentre de bonne heure. Ces derniers jours, il s'occupait des *pages froides*, il ne reprendra le service de nuit que demain. Le service publicité du journal fait grise mine, les annonceurs ne se bousculent pas au portillon. Mathieu n'était donc pas débordé par les encarts à monter pour le lendemain, il a pu partir avant l'heure prévue. Il a profité d'un rayon de soleil pour boire une bière en terrasse et sa bonne humeur l'a poussé jusqu'à Nouvelles Frontières pour prendre le dernier catalogue.

Mathieu ouvre les fenêtres, met de la musique, se déchausse, retire son pantalon et s'installe, en slip et tee-shirt, sur le canapé pour rêver à des voyages futurs. Il a pris tous les services de nuit à la fin de l'été, ce qui lui fait une bonne semaine de récupération. Combinée avec un reste de vacances, il pourrait partir assez loin. Il jette un œil à l'Indonésie puis au Kenya.

On sonne à la porte, c'est Momo, le voisin, qui a dû entendre la musique et qui rapporte à Mathieu des livres de peinture qu'il lui avait empruntés. Il entre, s'installe dans un fauteuil, fait voler ses savates et pose les pieds sur une chaise. Mathieu prépare du café tout en l'écoutant parler des peintres qu'il lui a fait connaître. Momo est étudiant aux Beaux-Arts. Il s'intéresse de près à la bibliothèque de Mathieu depuis qu'il y a découvert des ouvrages de typographie, des catalogues de compo anciens et des monographies de pas mal d'artistes contemporains. En échange de ces emprunts fréquents, dès que Momo rentre dans sa famille, du côté de Carpentras, il rapporte à Mathieu du vin, des saucissons, du miel, des caillettes et des picodons qu'ils dévorent généralement ensemble en imaginant des polices de caractères délirantes.

Mathieu apporte le café et Momo lui demande la marque de son slip qu'il trouve particulièrement bien coupé. Mathieu rosit pour la forme, soulève un peu son tee-shirt et tourne sur lui-même.

On entend des pas dans le couloir et puis la clef qui tourne dans la serrure. Contrairement à son habitude, Margot ne passe pas déposer ses affaires dans sa chambre avant d'apparaître, elle file droit devant elle et se plante devant Mathieu et Momo en brandissant une bouteille de champagne.

« J'ai trouvé du boulot. Je commence demain... »

Mathieu se lève d'un bond et se jette dans ses bras.

Momo se lève, il dit à Margot qu'il va les laisser fêter ça tous les deux, qu'il repassera plus tard. Margot le précède dans le couloir et lui ouvre la porte. Mathieu revient avec trois coupes à champagne et reste en arrêt au bout du couloir. Margot referme la porte, elle est face à lui. Dans les yeux de Mathieu elle lit son embarras, les reproches qu'il n'ose pas formuler.

« J'avais envie d'être seule avec toi pour boire le champagne. Nous deux tout seuls. Et puis, c'est lui qui a dit qu'il s'en allait, je ne l'ai pas foutu dehors.

— Peut-être que ton regard était suffisamment explicite… »

Margot s'approche de Mathieu, elle lui caresse doucement la joue, pose une main sur son épaule. Mathieu est toujours debout dans l'encadrement de la porte, ses trois coupes à champagne en main.

« Cesse de t'en faire tout le temps pour les autres. Momo a très bien compris qu'on avait envie d'être tous les deux tranquilles. »

Mathieu se raidit. Margot plonge son regard dans le sien. Elle lui sourit comme une mère qui cherche à amadouer un enfant capricieux. Mathieu pose deux coupes sur la table et il rapporte la troisième à la cuisine.

Margot et Mathieu trinquent, le cristal des coupes fait un bruit clair. Chacun savoure en silence la lente descente des bulles amères jusqu'à son estomac.

Margot a l'impression qu'elle retourne à l'école demain. Elle doit préparer sa rentrée. Elle a acheté un nouveau sac dès qu'elle a su qu'elle était engagée, elle doit encore faire l'inventaire de ses stylos et de ses blocs-notes. Mathieu est généralement de mauvaise humeur lorsqu'il doit partir travailler et pourtant il ne peut pas s'empêcher de se réjouir pour Margot. Il est heureux qu'elle ait franchi aussi rapidement la première étape de sa nouvelle vie.

« Tu ne vas pas te jeter sur les petites annonces pour trouver un appartement, maintenant que tu as du travail ? Tu peux rester ici encore un moment… Je te l'ai déjà dit, j'aime bien que tu sois là. »

La bouteille de champagne est vide, Margot sourit à Mathieu, envahie par une grande tendresse. Elle le rassure, elle ne partira pas tout de suite. Elle aussi se sent bien avec lui. Margot est tout près de Mathieu sur le canapé, elle lui parle pratiquement à l'oreille. Il suffirait qu'elle avance le buste pour le faire basculer en arrière sur les coussins, se vautrer sur lui et chercher sa bouche. Mathieu attend comme un animal sauvage tapi dans un coin d'ombre. Ces quelques secondes sont interminables.

Margot est debout sur ses deux pieds. Elle a jugé que le moment n'était pas venu, a préféré remettre à plus tard le corps à corps avec Mathieu. Elle suggère de sortir dîner. Elle demande à Mathieu de l'emmener où il veut. Il passe un coup de fil, commande une paella pour deux à une femme qu'il tutoie. Mathieu s'habille et ils montent vers Belleville.

Il faut traverser l'épicerie pour accéder à la salle de restaurant, à l'étage. Mathieu salue la femme du téléphone, sa mère et l'amant de la mère. On échange des nouvelles des uns et des autres, en particulier de la moitié de l'équipe de rédaction et de la fabrication du journal, on évoque les vacances à Valence, on parle d'aller à

Barcelone cet hiver, on salue Margot, la nouvelle venue au clan. En montant l'escalier dont la rampe est collante de graisse, Margot remarque les tableaux représentant des chevaux de Camargue, certainement exécutés par un artiste du quartier. Dans la salle, il reste une petite table libre près de la fenêtre, coincée entre deux assemblées de filles aux cheveux passés au henné et de garçons à rouflaquettes.

Le vin espagnol leur monte très vite à la tête. Margot et Mathieu sont pris d'une frénésie verbale. Ils se racontent leur enfance, leurs grands-parents, la campagne en été, les truites dans les ruisseaux, l'ennui des dimanches, les retrouvailles avec les cousins, et puis le jour où ils ont rompu avec tout ça.

En terminale, Margot parlait peu à Mathieu. Ils s'observaient de loin, avec une sorte de complicité distante mais ils ne se connaissaient pas vraiment. D'ailleurs, personne, dans la classe, n'était proche d'eux. Dès que les cours se terminaient, ils disparaissaient chacun de leur côté. Ils ne restaient jamais traîner aux abords du lycée avec les autres. Aux récréations ou aux interclasses, ils s'amusaient parfois avec Marin et sa petite cour de filles béates. Marin savait qu'elle et Mathieu resteraient toujours à distance, qu'il ne pourrait jamais les compter parmi ses courtisans et cela créait une forme de respect entre eux trois. C'est d'ailleurs eux, et aucun des autres, qui se sont déplacés jusqu'à la librairie pour voir ce qu'il était devenu, le jour de la signature.

Mathieu et Margot attaquent la paella. Dans le silence que trouble seulement le bruit des couverts,

Margot repense à sa terminale. Tout ça lui paraît très loin, avant François, avant la maison, avant Luc et même avant Mathieu, en tout cas celui qu'elle vient de retrouver. Et, pour la première fois, elle réussit à raconter ce qu'était sa vie en dehors du lycée.

« Je fréquentais l'hôtel du Diamant bleu. Dès que les cours se terminaient, je filais rue Lapérouse. Mado me donnait ma clef, toujours la même, et je montais à la chambre onze. Dans l'escalier, les filles qui, elles, étaient là pour gagner leur vie, me souriaient gentiment et me protégeaient de certains de leurs clients vicelards qui voulaient me mettre la main au cul. Une fois dans la chambre, je sortais mes livres de mon cartable et je commençais à faire mes devoirs pour le lendemain. Roger me rejoignait une heure ou deux plus tard, selon les jours, en sortant de son travail. Il m'obligeait à prendre des positions incroyables. Il avait un livre qu'il laissait dans la chambre, coincé sous le lavabo. Chaque jour il fallait essayer une nouvelle position. Quand il jouissait, il gueulait comme un porc, tout l'hôtel devait en profiter. Après, Roger fumait sa cigarette au lit en parlant de Liliane, sa femme, et de Magalie, sa fille, qui était ma copine d'enfance. Depuis toujours, presque tous les dimanches, Roger et Liliane déjeunaient avec mes parents. Parfois, aux beaux jours, nous partions en pique-nique, et Magalie et moi, nous passions l'après-midi à jouer avec nos Barbies, un peu à l'écart, pour laisser les grandes personnes parler de choses que nous ne devions pas entendre. Roger était un copain de régiment de mon père, et je pensais que s'il apprenait cette histoire il me tuerait de ses propres mains.

Roger animait un club de natation dont je faisais partie avec Magalie. C'est dans une cabine de la piscine municipale que, pour la première fois, je me suis retrouvée à genoux devant le maillot de bain de Roger. L'été, je suivais les stages de natation de Roger au lac d'Annecy. Ça arrangeait bien mes parents dans la mesure où leur ami ne me faisait pas payer. Roger et Liliane dormaient dans la caravane, Magalie et moi, dans une petite canadienne, juste à côté. Le soir, pour faire plaisir à Magalie, je l'accompagnais draguer les garçons de notre âge aux fêtes du camping. Et le matin, de bonne heure, alors que Magalie dormait encore, je me levais en douce pour aller faire l'amour avec Roger dans les douches. »

Tandis que Margot évoque l'hôtel du Diamant bleu, Mathieu a un temps d'arrêt, ses yeux s'arrondissent et sa fourchette reste suspendue. Margot le remarque mais elle finit son histoire, incapable d'interrompre le flot de ses souvenirs.

Mathieu a fréquenté plusieurs fois la chambre treize, hôtel du Diamant bleu, rue Lapérouse. À l'époque il rôdait beaucoup autour des pissotières de la plage, après le lycée. Il passait d'abord prendre quelques bières dans un bar du boulevard maritime pour vaincre sa timidité. Ensuite, il se dirigeait vers la plage. L'hiver, lorsque la nuit tombe de bonne heure, tout se passait entre les pissotières et la digue où l'on trouvait des marins de passage. Vers le mois de décembre, Mathieu avait rencontré plusieurs fois un homme d'une trentaine d'années qui voulait l'embrasser sur la bouche. Il n'était pas grand mais costaud et très poilu. Il s'appelait Stéphane, il était marié et père d'une petite Lola, il avait sa boucherie dans le centre ville. Stéphane était tendre avec Mathieu, il lui disait des mots affectueux, le caressait avec ses grosses mains rouges pleines de coupures, et Mathieu avait accepté de l'embrasser sur la bouche. Après quelques rencontres dans le froid, sous les coques de navires de plaisance en hivernage, Stéphane lui avait donné rendez-vous à l'hôtel. Il laissait la boutique à sa femme en fin d'après-midi en prétextant des visites aux fournisseurs, et il venait se jeter dans les bras de Mathieu, chambre treize, rue Lapérouse. Mais très vite, comme sa femme était enceinte d'un deuxième enfant, elle était partie se reposer à la campagne chez sa mère, et Stéphane avait été obligé de tenir seul la boutique, ce qui l'empêchait de venir retrouver Mathieu. Vers la fin de l'année, Mathieu avait rencontré un antiquaire qui habitait seul une maison superbe et prenait le temps de l'aider à réviser son bac. Longtemps après, chaque fois qu'il faisait l'amour, Mathieu sentait sur sa peau l'odeur de la viande fraîche mais, avec le temps, elle disparut.

Quelques mois plus tard, Margot se mariait avec François, et Mathieu quittait Le Havre pour venir faire les Arts-Déco à Paris.

La femme qui tient la bodega leur sert une petite aguardiente. Mathieu et Margot trinquent, leurs mains se rejoignent sur la table.

Après dîner, en descendant le faubourg du Temple, Margot a envie d'aller danser. Mathieu s'engouffre dans la Cour du commerce et elle le suit dans la galerie, sous les balcons où sont alignées des échoppes. Tout est entièrement muré mais des notes d'accordéon proviennent du sous-sol. Une enseigne lumineuse annonce le dancing.

Margot et Mathieu descendent un escalier sombre et débouchent sur une piste de danse éclairée d'ampoules de couleur. Des couples de la cinquantaine dansent une valse parfaite. Ils glissent sur le parquet comme de petits personnages mécaniques en porcelaine de Saxe. Mathieu prend Margot par la main et l'entraîne vers la piste. Au grand étonnement de Margot, Mathieu danse la valse, le paso doble et le tango musette à la perfection. Elle est collée à lui et se laisse guider. Tout autour d'elle, le plafond du dancing tourne, les ampoules de couleur s'agitent comme dans un kaléidoscope. Margot a le vertige, elle se repose de plus en plus sur Mathieu, s'abandonne dans ses bras qui la tiennent fermement. Leurs vêtements sont imprégnés de l'odeur de la bodega.

Collée à Mathieu sur la banquette en Skaï rouge, Margot avale un gin-tonic pour se remettre. Elle a le regard trouble, la tête lui tourne.

Margot et Mathieu sont de retour à l'appartement. Ils sont restés tout près l'un de l'autre depuis qu'ils ont dansé ensemble. Assis sur le lit de Margot, ils continuent de se raconter leurs vies. C'est Mathieu qui parle.

Il raconte l'élevage de truites en Alsace, les vendanges chez les voisins. Margot commence à piquer du nez et il lui dit qu'elle doit dormir pour affronter sa première journée de travail.

Margot se déshabille, gardant seulement sa culotte et son soutien-gorge, entre dans le lit et, une fois sous les draps, elle les retire. Elle demande à Mathieu de continuer son histoire et lui fait promettre de rester à côté d'elle jusqu'à ce qu'elle s'endorme. Il enlève ses chaussettes et s'allonge à côté d'elle sur le lit.

Mathieu raconte la forêt où il faisait des cabanes, les sentiers qui remontaient le long du torrent vers la clairière aux framboises. Un jour en sortant de la forêt, le petit garçon tombe sur une maison rose au milieu de la clairière. Une jolie maison avec une cheminée comme dans les livres d'histoires. Ç'aurait pu être la maison de Jeannot Lapin, celle des Trois Ours ou d'Haensel et Gretel. Le petit garçon s'approche, espérant peut-être trouver Boucles d'Or. Sur la maison, il y a une pancarte en tôle émaillée : *Chambre à gaz du camp de Natzweiler-Struthof. Ici, des milliers d'innocents ont trouvé la mort, victimes de la barbarie nazie. Zone de silence.*

Margot respire calmement, elle dort déjà, elle n'a rien entendu. Mathieu continue pourtant, d'une voix blanche.

Le lendemain, le petit garçon veut trouver des myrtilles. Il grimpe plus loin dans la forêt. Au détour d'un chemin, il tombe sur un mirador. Il longe des murs de barbelés électrifiés pour arriver dans une clairière. À ses pieds, dans l'immense enclos de granit rose, des milliers de croix blanches se dressent vers le ciel. Plus loin, en descendant vers la forêt, dans le camp immense, le petit garçon découvre des cabanes en bois alignées comme les maisons et les hôtels au Monopoly. Au milieu, le nœud coulant d'une corde se balance à une potence sous le soleil étouffant du mois d'août. Des cars de touristes se pressent vers l'entrée. Autour, la forêt est étrangement calme.

Mathieu se déshabille à son tour et se glisse, en slip, entre les draps. En faisant attention de ne pas la réveiller, il se colle contre Margot. Là, rien ne peut lui arriver.

Margot se réveille très tôt et découvre Mathieu couché à côté d'elle dans le lit. Il dort sur le ventre, une jambe repliée sur le drap, la tête enfoncée dans l'oreiller. Elle allonge la main au-dessus du dos de Mathieu, n'osant pas la poser sur sa peau. Lentement, Margot s'approche. Elle caresse l'épine dorsale de Mathieu, remonte vers ses épaules, descend au creux de ses reins. Mathieu a la peau très douce, presque brillante tellement elle est soyeuse. Margot s'attarde sur le duvet qui couvre le bas du dos à la frontière du slip, puis elle descend encore et rencontre le coton mercerisé. Mathieu a les fesses rondes et fermes. Margot les caresse à travers le slip, glissant sa main sous l'élastique plat, elle cherche leur douceur contre sa paume. Son bras frissonne lorsqu'elle imagine le petit duvet doré qui chatouille sa peau. Mathieu grogne légèrement, sa tête roule sur l'oreiller. Margot veut retirer sa main mais son poignet accroche l'élastique du slip. Elle tire, et sa main se libère brutalement, en faisant claquer l'élastique contre la taille de Mathieu. Il se retourne dans le lit. Il est maintenant couché sur le côté, un bras sous la nuque, face à elle, et il cherche sa main. Ses yeux restent obstinément fermés comme s'il dormait, sa respiration est encore celle du demi-sommeil. Lorsqu'il a trouvé la main de Margot, il la remet à sa place initiale. Encouragée par son geste, Margot lui caresse le haut des cuisses et glisse finalement sa main entre ses jambes. Mathieu a toujours les yeux fermés mais il sourit en gémissant faiblement. Margot glisse sa main à l'intérieur du slip de Mathieu, elle le touche du bout des doigts, émue et intimidée par ce qu'elle y découvre. Il prend sa main dans la sienne et l'incite à l'empoigner fermement. Margot trouve l'ouverture du slip kangourou de Mathieu et fait jaillir sa queue. Le coton blanc se referme en faisant saillir ses couilles, dissimulées par des poils blonds et soyeux. Margot contemple, satisfaite, le résultat de ses initiatives. Elle retourne doucement Mathieu jusqu'à l'allonger sur le dos et avance sur lui, les cuisses ouvertes.

Depuis ses dix-sept ans, lorsqu'elle fait l'amour pour la première fois avec un homme, la peur lui creuse le ventre, sa respiration est courte. Elle sursaute dès qu'on pose la main sur elle et cela fait partie du frisson exceptionnel de la première fois. Là, Margot n'a pas le loisir d'avoir peur. Elle doit s'occuper pour deux de la rencontre des corps.

Mathieu daigne enfin y mettre du sien. Son dos s'assouplit, il ondule des reins, Margot se sent moins seule. Elle prend les mains de Mathieu et les pose sur ses seins.

Il les caresse doucement, n'osant pas les maltraiter. Puis il s'accroche aux épaules de Margot et se redresse. Il parvient à se mettre sur les genoux et la fait basculer sur le dos.

Mathieu se montre plus violent. Son corps se tend comme un arc et il jouit en silence, les yeux fermés.

Margot sort rapidement du lit et se dirige vers la salle de bains. Elle se douche et s'habille pour partir au bureau. Elle repasse par sa chambre pour prendre son sac. Mathieu est toujours dans son lit, il s'est rendormi sur le dos et il respire par la bouche en sifflant légèrement. Margot tire la porte de l'appartement derrière elle.

Mathieu se réveille tard. Il rampe jusqu'à la cuisine pour se faire du thé et se recouche avec la théière dans le lit encore chaud. Il s'empêche de penser. Il ne veut pas former d'idée ni pour la soirée ni même pour le lendemain, il ne veut pas imaginer à quoi ressemblera son prochain face-à-face avec Margot. L'avenir n'existe pas. Aujourd'hui sera une journée mécanique, sans pensée, sans but, sans histoires.

Vers dix-huit heures, Mathieu part pour le travail. En arrivant, il ne parle à personne, s'assied à son poste et appuie sur l'interrupteur du Macintosh. La petite musique de bienvenue retentit, l'écran s'allume, Mathieu entre dans la machine. C'est exactement le genre de dialogue dont il a envie, l'alignement des blocs, la graisse des caractères, l'unification de la densité des trames.

Après six heures en tête à tête avec sa machine,

Mathieu ramasse sa veste et il repart. Ses pas l'entraînent vers Montmartre. Il se donne pour prétexte un concert dont on lui a parlé dans un vieux cabaret quelque part vers la rue des Martyrs.

Mathieu arrive à Pigalle, il longe le boulevard et il s'engouffre dans l'un des vidéoclubs. Il fait de la monnaie en passant au guichet. Comme à chaque fois qu'il vient, l'employé veut lui fourguer une carte d'abonnement mais il décline l'offre, se figurant qu'il vient pour la dernière fois. Mathieu se contente de ramasser sa pile de pièces de dix francs. À la croisée des couloirs sombres, il s'arrête un instant, hésite, pour la forme, entre les trois pancartes HÉTÉRO, HOMO, BI/TRANS, mais ses pas le mènent évidemment vers le secteur homosexuel. Il inspecte les cabines libres, repère celles où les trous dans les cloisons sont les plus pratiques. Mathieu entre dans l'une d'elles, et tire le verrou derrière lui. Il retire sa veste et la plie soigneusement sur le dossier de la chaise de jardin en plastique. D'ordinaire, Mathieu est plutôt du genre à jeter ses vêtements au hasard sur le sol mais là, les mouchoirs en papier maculés et les préservatifs usagés qui jonchent le sol le rendent circonspect. Il pose sa pile de monnaie sur l'écran de télévision devant lui et glisse la première pièce dans la machine. Il appuie sur le sélecteur de programmes et tombe sur son film préféré. Un bel homme musclé d'une petite quarantaine d'années se fait entièrement raser par deux jeunes minets de vingt ans. Ils lui rasent les bras, le crâne, les jambes, le torse, les couilles, le ventre, les fesses.

Par les trous dans les cloisons, Mathieu commence à observer ses voisins de droite et de gauche. Il voit surtout les avant-bras, les cuisses et, dans les mains, les sexes raides. La peau est bleutée, seulement éclairée par les images des écrans de télévision. Souvent, il est impossible de voir les visages. Lorsqu'un de ses voisins s'approche du trou pour l'observer, Mathieu ne voit que son œil à la pupille dilatée. Il s'approche du trou à son tour et voit son voisin dérouler un préservatif sur sa bite. Il lui semble que le tissu de son pantalon est assez beau, c'est le genre de vêtement qu'il aurait pu acheter, donc le genre de personne qu'il aurait pu croiser ailleurs dans la ville, quelqu'un de pas très différent de lui.

La bite de son voisin apparaît dans le trou, gainée de latex rose. Mathieu s'approche et il la prend dans la bouche. L'aggloméré de la cloison lui râpe le nez. Le panneau de bois ondule à mesure que le voisin s'agite. L'homme se retire et, avec son index, il lui fait signe d'approcher. Mathieu cherche son portefeuille et constate, en l'ouvrant, qu'il est à court de préservatifs. En sifflant, il attire à lui l'oreille de son voisin et lui demande en chuchotant s'il peut le dépanner. Juste à ce moment, son programme s'interrompt et, cherchant à tâtons une pièce pour le relancer, Mathieu fait rouler par terre la pile entière. Après un long moment dans l'obscurité, il voit apparaître dans le trou de la cloison, tendu entre deux doigts couverts de poils foncés, un préservatif dans son emballage intact.

La bite de Mathieu se perd dans la chaleur d'une bouche sans visage et sans histoire. Il y a dans cette situation une sorte d'affection désespérée qui ne rencontre jamais d'écho, comme de la tendresse en exil, perdue dans le noir. Mathieu se sent calme, détendu, libre.

Après avoir joui, il s'essuie avec ses propres mouchoirs en papier et se rhabille lentement, attendant que son voisin de cabine soit sorti pour s'en aller à son tour sans le croiser. Mathieu ressort sur le boulevard et marche un moment avant de héler un taxi.

Quand il rentre chez lui vers deux heures du matin, l'appartement est vide. Mathieu se couche dans son lit et ferme la porte de sa chambre.

Lorsqu'il entend la porte d'entrée et les pas de Margot dans le couloir, Mathieu jette un œil au réveil. Il est sept heures du matin. Il l'entend prendre une douche, fourgonner dix minutes à la cuisine et puis quitter à nouveau l'appartement pour se rendre, sans doute, à son travail.

Mathieu se roule en boule au milieu de son lit et se rendort.

Mathieu est debout devant la machine à laver, perplexe. À quelle température faut-il laver les soutiens-gorge ? L'autre jour, pour se rendre utile, il a voulu laver les culottes de Margot en même temps que ses slips. Comme toujours, il a programmé la machine sur 90 degrés et les petites culottes sont ressorties toutes racornies. Le tissu était devenu dur et cassant, le blanc avait jauni. Il a fallu les jeter. Heureusement, Margot a pris le parti d'en rire. Mathieu consulte les étiquettes de lavage, elles indiquent 30 degrés. Il va faire une grande lessive avec les chaussettes et les soutiens-gorge, espérant que, cette fois, tout se passera bien.

Tout à l'heure, Margot est passée en coup de vent, juste le temps de prendre une douche, de se changer et de se reparfumer. À en juger par sa tenue, elle n'avait pas rendez-vous avec une copine de bureau pour aller au cinéma. Mathieu n'a évidemment rien demandé lorsque Margot a dit qu'elle sortait. En glissant les soutiens-gorge dans le tambour de la machine à laver, il essaie d'imaginer avec quel genre d'homme elle peut avoir rendez-vous. En versant la lessive dans le bac, Mathieu se surprend à être vaguement jaloux. C'est un luxe qui n'est pourtant pas à sa portée. Il peut faire la lessive de Margot, les courses de temps en temps, l'amour, parfois... Et il se permettrait, en plus, d'être jaloux ? C'est sans doute déplacé mais il ne peut s'empêcher de se demander si l'homme est marié, s'ils ont déjà fait l'amour ensemble, à quoi ressemblent leurs étreintes, s'il lui dit des mots d'amour. Mathieu, lui, ne parvient pas à parler. Il fait l'amour en silence, un mutisme buté qui le met mal à l'aise. Margot attend peut-être quelques mots, qu'il lui dise des choses tendres. Il pourrait au moins lui dire qu'il l'aime puisque c'est la vérité. Pour une fois, ces mots ont un sens. Il l'aime à sa façon, un peu fraternelle, un peu incestueuse, mais il l'aime. Et pourtant, prononcer ces mots qui ne veulent pas sortir de sa bouche, ce serait se mettre lui-même dans une cage en réclamant qu'on ferme la porte.

Margot entre dans l'ascenseur et appuie sur le septième. Elle se regarde dans le miroir, rajuste ses cheveux. C'est la troisième fois qu'elle a rendez-vous avec Lucien. D'abord, ils ont bu un verre ensemble, puis, une autre fois, il l'a invitée dans un très bon restaurant italien. Cette fois, il lui a dit de passer chez lui vers vingt heures. Margot sent bien que cette histoire finira au lit, elle attend ce moment avec une certaine impatience parce que Lucien lui plaît, mais elle se prête avec plaisir à ce parcours érotique fait d'étapes successives. Chacun sait ce qui va se produire, l'inconnue, c'est où et quand.

En s'habillant, Margot a espéré que ce pourrait être ce soir. Elle a longuement hésité en choisissant ses sous-vêtements. D'abord, la couleur. Le noir fait trop lingerie, du style « Je t'ai réservé une petite surprise parce que je savais que c'était pour aujourd'hui. » ; le rouge fait trop vieux couple qui cherche des expédients ; il ne restait guère que le blanc. Ensuite, la forme de la culotte. Carrée genre grand-mère, pour la première fois, c'était peut-être trop négligé, on a le droit d'aimer le confort, certes, mais il ne fallait pas que Lucien ait l'impression de coucher avec sa sœur ou sa cousine ; brésilienne, ça faisait trop boutique de lingerie érotique du boulevard de Clichy revisitée bazar de la plage ; le caleçon, ça faisait trop femme mariée qui s'est servie dans les sous-vêtements de son époux. Margot a donc choisi une culotte de coton blanc échancrée mais sans excès, sans dentelle ni fioriture, joker qu'elle a gardé pour le soutien-gorge, modèle avec bretelles, décoré d'une jolie dentelle épaisse sur l'intérieur des bonnets.

L'ascenseur dépose Margot dans un couloir moquetté. Un bouquet de fleurs à la main, elle avance jusqu'à la porte du fond. Au moment où elle va appuyer sur la sonnette, Margot se demande si c'est une bonne idée d'apporter des fleurs. Le bon goût bourgeois veut qu'on n'offre pas de fleurs à un homme. Son bouquet ressemble presque à une provocation. Margot regarde ces fleurs blanches et vertes qu'elle aurait aimé avoir à côté de son lit en se demandant ce qu'elle va en faire. Elle pourrait les cacher dans un coin près de l'ascenseur et les reprendre en partant pour les rapporter chez elle. Margot a acheté ces fleurs pour Lucien sans réfléchir. Elle se dit qu'à vivre avec un pédé son sens des convenances est en train de sérieusement s'émousser. Et puis, elle ne se sent pas particulièrement fière de cette pensée qui lui paraît indigne d'elle et ne l'aide pas à savoir que faire de son bouquet.

Avant qu'elle ait pu prendre une décision, la porte s'ouvre. Lucien lui fait face.

« J'ai entendu l'ascenseur. Tu n'osais pas sonner ? Entre. »

Déjà, Lucien lui arrache son bouquet des mains avec enthousiasme.

« Comment as-tu deviné que j'adore les fleurs ? Elles sont magnifiques, tu ne pouvais pas me faire plus plaisir. »

Il la conduit jusqu'au salon, prend sa veste et la fait asseoir dans un fauteuil confortable. Il est pieds nus et, détail qui n'avait d'abord pas frappé Margot, il porte un grand tablier bleu. Ses lunettes ont disparu de son nez et ses cheveux sont moins ordonnés que d'habitude.

Lucien revient avec un vase plein d'eau et un sécateur. Il s'installe sur le parquet aux pieds de Margot et défait délicatement la Cellophane qui entoure le bouquet. Puis il recoupe une à une les tiges avant de mettre les fleurs dans le vase. Il ne demande pas à Margot si elle a trouvé facilement l'immeuble ou si elle a passé une bonne journée. Il lui parle du jardin de sa grand-mère où ces fleurs poussaient avant que tout ne soit rasé pour construire une gendarmerie.

Lucien pose le vase tout près de Margot sur le parquet. À son tour, elle parle de ses grands-parents et, tout naturellement, elle suit Lucien à la cuisine.

Tout en continuant à bavarder, Lucien coupe des légumes en fines lamelles. Margot trouve de jolis verres sur une étagère et elle se sert à boire comme il l'a invitée à le faire. La bouteille de vin qui était débouchée sur la table est particulièrement bonne. Tout est simple. Margot trouve un tabouret et elle s'installe, dos au mur. Lucien se penche sur une casserole pour goûter quelque chose. Sa nuque se tend, il avance les lèvres vers la cuillère en bois. Il y a quelque chose d'attendrissant dans son attitude. Brusquement, Margot a envie de se lever et de se coller à lui, d'embrasser sa nuque, de laisser aller sa tête contre son cou.

Margot observe les mains de Lucien, sa façon de caresser la viande et les aubergines avant de les trancher, d'un geste sûr et précis. Lucien fait passer Margot devant lui dans le couloir pour aller à table. Il remarque son petit temps d'arrêt devant le portrait accroché au mur.

« C'est ma femme. Elle est belle, non ? »

À son sourire provocateur, Margot se demande si Lucien est en train de se moquer d'elle. Est-ce vraiment sa femme ? L'appartement ne lui semble pas marqué d'une présence féminine. Peut-être est-ce son ex-femme ou l'épouse d'un mariage blanc. Margot n'avait pas prévu qu'une épouse se glisse entre elle et Lucien. Dans l'immédiat, elle se refuse à y croire.

« Vous êtes séparés ?

— Pas le moins du monde. »

En s'asseyant à table, Margot se sent gênée. Y a-t-il dans l'armoire de la chambre les robes, les tailleurs et les chemisiers d'une femme, pendus à des cintres bien en ordre ? Y a-t-il sur la tablette du lavabo de la salle de bains les produits de beauté de l'autre ? Margot pique avec parcimonie dans un assortiment d'*antipasti* en fixant le fond de son assiette.

« Ruth habite à Londres. Elle est hôtesse de l'air sur British Airways. J'ai vécu quelques mois chez elle quand je travaillais sur des enregistrements à Londres. Elle a vécu un peu ici quand elle était sur les vols Paris-Londres mais, depuis quelque temps, elle a demandé à repartir sur les longs courriers internationaux. Ces jours-ci, elle doit être à Bombay. Nous sommes mariés depuis six ans mais nous n'avons jamais vécu plus de trois mois ensemble. »

Margot a d'abord craint que Lucien lui fasse le coup de « Ma femme et moi, nous sommes très libres… », mais, en l'écoutant, elle s'est prise d'affection pour Ruth, et l'histoire de ce couple lui plaît. Elle ne se demande même plus quelle peut être sa place dans la vie de Lucien.

Après dîner, Lucien fait asseoir Margot près de lui sur le canapé et il sert le café. Leurs épaules se frôlent ; si Margot ne se contrôle pas, elle va se jeter sur lui. Elle se lève, remercie pour la soirée délicieuse qu'elle vient de passer et réclame sa veste et son sac car il est temps qu'elle rentre chez elle.

Sans protester, Lucien lui rend ses affaires et la raccompagne à la porte. Margot tend sa joue. Lucien s'approche d'elle, il la prend dans ses bras et l'embrasse dans le cou. Margot se sent soulagée, elle se laisse faire, espérant qu'il referme la porte d'un coup de pied et l'emmène jusqu'à la chambre. Mais Lucien desserre son étreinte. Il lui dit qu'il a passé une soirée formidable, lui recommande de faire attention à elle en rentrant, lui demande de l'appeler en arrivant.

Margot sort dans la rue, chavirée par tout ce qu'elle a espéré et qui n'a pas eu lieu. Elle revoit les mains de Lucien, ses épaules, sa nuque. Un garçon assez jeune l'aborde. Ça la fait rire un instant mais elle le renvoie rapidement chez sa mère en lui faisant valoir qu'il y a école le lendemain et qu'il est l'heure de rentrer se coucher.

En arrivant, Margot trouve l'appartement vide. C'était pourtant un soir à se blottir tendrement contre Mathieu en attendant de comprendre, un jour, le monde des grands. Elle se déshabille, retire son soutien-gorge qui ne lui a été d'aucune utilité. Dans la salle de bains, elle trouve, roulée en boule par terre, une chemise de Mathieu qu'elle enfile.

Elle appelle Lucien. Il lui dit qu'il veut la revoir très vite. Il lui souhaite une douce nuit. Il a une voix tendre et caressante.

Elle se couche avec la chemise de Mathieu en se demandant où il peut être, entre quels bras. Et puis, elle laisse doucement venir à elle l'image de Lucien, son sourire, ses gestes calmes. Margot serre contre elle son oreiller et elle s'endort en rêvant au jardin de ses grands-parents.

Mathieu a aperçu Maxime à l'autre bout du bar. Il s'est d'abord caché dans un coin, le temps de vérifier s'il était seul ou accompagné. Cela fait presque un an qu'il ne l'a pas vu. Il n'a pas vraiment changé, ses cheveux sont seulement plus courts et ça lui va bien. Mathieu s'est approché. Maxime a levé la tête et il lui a souri comme s'ils s'étaient quittés le matin même.

Maxime et Mathieu parlent peu, ils boivent leurs bières en se souriant, contents de se retrouver. Mathieu finit par parler de Margot, et Maxime se fout de lui.

« Alors, tu as remis ça. Cette fois, tu ne me téléphones plus le matin pour me demander des conseils.

— Ça n'a rien à voir. C'est elle qui est venue s'installer chez moi. Je fais sa lessive, nous prenons le petit déjeuner ensemble. Le reste, c'est accessoire. Il y a d'autres hommes dans sa vie.

— Heureusement pour elle, la pauvre chérie. Mais qu'est-ce qu'elle veut de toi ? Un enfant ? Tu ferais un très mauvais père… »

Maxime prend son air ironique mais Mathieu perçoit

qu'au fond il se réjouit de ce qui lui arrive. Il pense peut-être que c'est le genre de vie qui lui convient. Mathieu a toujours fait confiance au jugement de Maxime.

L'ironie a complètement disparu de ses yeux. Il lui sourit maintenant d'un air tendre.

« Tu sais, Mathieu, je ne suis plus amoureux de toi. J'ai pensé t'écrire pour te le dire, et puis je me suis dit que ça ne te regardait pas. Tu ne prends jamais de mes nouvelles, je ne vois pas pourquoi je t'en aurais donné… Après tout, j'ai suffisamment souffert à cause de toi, rien ne m'obligeait à alléger ta conscience en te signalant que mon calvaire avait pris fin. C'était il y a quelques semaines ou quelques mois, je ne sais plus… Un matin, je me suis réveillé en pensant à toi et j'ai constaté que je ne ressentais absolument plus rien. Je me suis senti délivré. C'était enfin fini, je n'étais plus amoureux de toi. Tu peux dormir avec moi si tu veux, cette nuit. Ça ne t'engage plus à rien. »

Mathieu suit Maxime jusqu'à une voiture qu'il ne lui connaissait pas. C'est un modèle sport rouge pompier, elle a l'air toute neuve. Maxime dépasse l'Opéra puis la Trinité et s'arrête à côté de la place Saint-Georges.

Mathieu pénètre dans un appartement inconnu mais il repère immédiatement quelques objets de leur vie d'autrefois. Maxime met de l'eau à chauffer pour une tisane.

Ils ont l'air de deux petits vieux qui se penchent sur leur passé, installés chacun dans un fauteuil, une tasse à la main. Maxime a de nouveaux tableaux sur ses murs.

Globalement, son niveau de vie semble s'être sensiblement élevé.

Mathieu suit Maxime jusqu'à la chambre et il le regarde se déshabiller. Il l'invite à en faire autant. Maxime est complètement nu. Mathieu retrouve son corps inchangé. Il disparaît pour mettre de la musique. C'est une chanson qu'ils écoutaient lorsqu'ils se sont rencontrés. Maxime revient hilare, l'air de dire : « Qu'est-ce qu'on était cons, il y a dix ans ! » Il se glisse entre les draps et Mathieu le rejoint. Maxime se blottit contre Mathieu, il le sent dans son dos, tout son corps est collé au sien. Contre ses fesses, son sexe reste lourd et mou.

Mathieu, lui, est très troublé par la présence de Maxime. Mais, déjà, il sent son souffle régulier dans son cou. Maxime s'est endormi sans constater son érection. Dans un instant, il commencera à ronfler. Mathieu se demande où est Margot, entre quels bras elle s'est glissée. Le chant de Vladimir Vyssotski emplit la chambre. Sa voix déchire la nuit. Mathieu trouve qu'ils n'étaient pas si cons que ça, il y a dix ans.

Mathieu sent sa bite ramollir doucement. Il se laisse bercer par le ronflement de Maxime.

Il est presque minuit mais la gare routière est encore pleine de monde. On attend les deux derniers cars de la journée, en provenance d'Agadir et de Casablanca. Malgré ma djellaba en drap de laine, je sens la fraîcheur de la nuit.

En fin d'après-midi, j'ai vu la peintre américaine au Café de France. Elle a le téléphone et c'est par elle que transitent mes messages. Margot l'avait appelée pour lui donner l'heure d'arrivée du car. Heureusement qu'elle s'est manifestée parce que rien, dans le fax qu'elle m'avait envoyé quelques jours plus tôt, alors qu'elle était encore à la recherche de billets d'avion, ne laissait imaginer qu'ils arriveraient d'Agadir.

C'est Mathieu qui descend le premier, un sac de reporter en bandoulière. Margot le suit avec une grosse valise. Lui ne m'a pas reconnu à cause de la capuche de ma djellaba, c'est Margot qui me désigne du doigt avant de me faire de grands signes.

Je pose leurs bagages sur le toit du petit taxi et nous roulons vers Bâb Marrakech, l'entrée de la vieille ville la plus proche de chez moi. Mathieu m'explique qu'ils ont décollé d'Orly à six heures du matin pour arriver très tôt à Ouarzazate. C'est le seul vol qu'ils ont trouvé, la veille, grâce à un désistement. En cette fin d'année, tous les avions pour le Maroc étaient pleins. De Ouarzazate, il leur a donc fallu huit heures de car pour contourner l'Atlas par le sud jusqu'à Agadir. De là, quelques heures plus tard, ils ont trouvé un départ pour Essaouira, le dernier de la journée. Margot est silencieuse, elle semble épuisée par le voyage. À travers les vitres, la nuit noire ne laisse pas voir grand-chose de la ville.

Nous passons le rempart à pied avec les bagages. Les rues sont plus animées en approchant de la maison. Quelques enfants jouent avec les pièces détachées du réparateur de vélos. Ils me reconnaissent et nous escortent en scandant « l'é-cri-vain, l'é-cri-vain », ce qui fait beaucoup rire Margot.

Nous pénétrons dans la maison, glaciale et humide à cette heure. Je les installe dans le petit salon avec des couvertures et je vais à la cuisine. Il n'y a presque plus de braises dans le brasero mais le tajine de poisson que Zora a préparé ce matin a l'air cuit. Le marchand d'épices a soigné son mélange, une odeur subtile remplit la pièce.

Margot et Mathieu sont face à face sur des coussins. Seuls leurs bras sortent des couvertures pour attraper la nourriture. Nous parlons à peine, chacun mange en silence. Ils vont se coucher de bonne heure. Demain, ils se lèveront tard, je serai déjà au travail. Avant de les mettre au lit, je prépare un thé à l'absinthe pour les réchauffer.

Il faut bien y venir à un moment ou à un autre, j'aborde la question des lits. Il n'y a que deux chambres. Dans l'une, un grand lit pour deux personnes, dans l'autre, un lit pour une personne seule. Il faut donc s'organiser. Je suggère de laisser la chambre individuelle à Margot par galanterie et que nous dormions, Mathieu et moi, dans le grand lit.

Margot et Mathieu commencent par baisser les yeux puis Margot réagit vivement à ma proposition.

« Mais non, tu dois travailler, c'est beaucoup mieux qu'on te laisse dormir seul. Mathieu et moi, nous nous arrangerons. Pour le temps des vacances, nous pouvons bien dormir dans le même lit, ça ne sera pas la première fois… »

Elle est très habile. Je sens bien qu'elle a peur que nous couchions ensemble si nous dormons dans le même lit, mais elle crèverait sur place plutôt que de l'avouer. Il est à elle et je ne dois pas y toucher. Alors, elle parle de mon travail. Beau respect pour mon métier, ma vie monacale. Je dormirai seul comme toutes les nuits depuis mon arrivée. Je suis venu pour cela, être seul. Demain, je me lèverai tôt, je travaillerai. Les répétitions de ma pièce commencent mi-janvier et le metteur en scène attend toujours le dernier acte. Mais je dois bien m'avouer que les craintes de Margot sont fondées. Mathieu est séduisant, je sais qu'il est homosexuel, il sait que je le suis. Si nous nous retrouvons dans le même lit, il y a des chances que nous nous rendions mutuellement service. Sacrée Margot, elle abat ses cartes avec art. Quoi qu'elle prétende, elle a du métier.

Je couche les invités et je traîne au salon en écoutant Sinéad O'Connor. J'ai programmé *Don't cry for me Argentina* et bloqué le lecteur sur la position *repeat*.

J'ai bien fait de venir ici quelques mois. Je me sens léger, libéré de toutes les contraintes que je me suis créées à Paris. Ne pas avoir le téléphone me semble un luxe extraordinaire. Ne pas comprendre ce qui se dit dans la rue est aussi un grand plaisir. Si je dois me faire comprendre, je peux parler un peu en français mais lorsque je traverse les rues, ne connaissant pas l'arabe, mes oreilles perçoivent seulement des sonorités insolites, des voix, comme la bande-son d'un film où je serais figurant.

Lorsque Margot sort de la chambre, je suis déjà allé prendre mon petit déjeuner au Café de France.

Mathieu dort encore, j'emmène Margot sur la terrasse. Fin décembre, le soleil de midi est supportable. J'ai acheté des pâtisseries chez Driss en passant. Tout autour de nous, sur les terrasses, des femmes étendent la lessive, d'autres font du feu pour préparer le repas, les enfants se courent après en criant. Je me demande comment Mathieu peut dormir avec le bruit qui monte de la rue dès sept heures du matin. C'est un grondement continu, un souffle bruyant qui empêche d'oublier que la ville a une âme. Le menuisier, dans la maison voisine, donne des coups de maillet sur son ciseau à bois pour sculpter une frise. Ses apprentis poncent une marquete-

rie. Le marchand de légumes bouge ses caisses pour laisser passer une charrette tirée par un âne. Des enfants
traînent des bidons en plastique jusqu'à la fontaine.
Toute activité est signalée par un son. Il n'y a que moi
pour dénoter. Mon stylo glisse sur le papier en silence.
Alors parfois, pour me signaler, je mets de la musique
qui lutte avec la radio du menuisier.

Margot suggère de sortir faire un tour. Mathieu ne se
lèvera pas avant une heure ou deux, elle le connaît ; il
n'y a qu'à lui laisser un mot. Je suis soulagé lorsque,
après avoir disparu pour s'habiller, Margot ne réapparaît
pas en short et débardeur mais en pantalon et tee-shirt à
manches sans que j'aie eu besoin de lui faire un dessin.
Elle a voyagé en Turquie avec son mari il y a quelques
années.

J'évite les raccourcis, j'emprunte les itinéraires les
plus repérables pour qu'elle puisse rapidement trouver
son chemin seule dans la ville. Margot ouvre grand les
yeux, elle semble émerveillée par toutes les échoppes
bleues qui s'alignent le long des rues. Nous traversons
l'ancien marché au grain. La tante de Zora est là avec ses
herbes disposées devant elle sur une couverture. Je la
salue et lui présente Margot, mais l'échange est limité
parce qu'elle ne parle pas français. Elle saisit une petite
feuille de papier qu'elle roule en cornet. Elle le remplit
de quelques cuillères de *ghassoul* et le tend à Margot. Je
lui explique qu'elle devra se l'étaler sur les cheveux.
Margot a l'air heureux d'une petite fille à qui l'on offre
sa première poupée. Je ne sais pas d'où elle tient ce geste

mais elle pose sa main droite sur son cœur en baissant les yeux avant de glisser le petit paquet dans sa poche. La tante de Zora a l'air sous le charme.

Nous passons chez les tisserands avant de rejoindre la place du Café de France. Nous nous installons à la terrasse. Margot commande une orange pressée et moi un Pepsi pour noyer le sandwich que je vais aller chercher au petit kiosque d'à côté.

Margot a trouvé un journal français chez Jack. Nous le feuilletons. Paris me paraît très loin. On nous annonce les tendances du printemps à venir, le grand retour à la femme-femme. Seins, cul, hanches, tous les rembourrages seront permis. Margot me fait remarquer que je vais pouvoir ressortir mes petits tailleurs cintrés, ça me changera de la djellaba. D'ordinaire je trouve ce genre de réflexions de mauvais goût si elles n'émanent pas de moi. Mais Margot dit ça avec une bonne humeur et une santé qui la rendent sympathique. Son culot est séduisant.

Au port, c'est marée basse. Dans le petit bassin à l'intérieur des remparts, les barques sont toutes à sec. Sur le quai, nous restons longtemps à regarder la mise à l'eau d'un gros bateau en bois. Ça sent l'huile, la sciure, le poisson pourri. Nous dépassons un groupe de pêcheurs occupés à réparer leurs filets et j'emmène Margot jusqu'à l'endroit que je préfère, le chantier naval. De gigantesques squelettes de bateaux, tout en bois, sont posés sur de hautes cales. On voit le ciel entre les poutres. L'une des carcasses a été passée au minium, elle est éblouissante ; l'orange ressort violemment sur le rose fané des remparts. Nous jouons à frotter entre nos mains des poignées de sciure très douce au toucher, et puis nous allons nous asseoir au soleil au bord du bassin, derrière la capitainerie du port.

Nous regardons la mer en silence. Des enfants jouent au foot sur la plage, au loin. De petits nuages tout ronds courent vers l'île de Mogador.

« Tu te souviens, Marin, de ce jour où nous nous sommes retrouvés à la piscine ? »

Margot m'apprend que ses affaires ont plutôt bien tourné. Sans le savoir, en lui proposant hier la petite chambre pour elle toute seule, j'étais sur le point de gâcher ses vacances. Margot semble heureuse, et pourtant je la sens soucieuse.

« Il est incapable de parler. Il n'est pas muet, évidemment, mais, après que nous avons fait l'amour, j'ai toujours face à moi un mur de silence. C'est une drôle de cérémonie. Chaque fois, c'est la même chose. Nous nous couchons le soir tous les deux dans mon lit, en frère et sœur. Nous sommes blottis l'un contre l'autre comme deux oisillons au nid et nous nous endormons, protégés du monde. C'est toujours le matin, au réveil, que nous faisons l'amour. Je fais la première approche et Mathieu me répond sans prononcer un mot, comme un somnambule. Après l'amour, il se lève en silence pour aller aux toilettes et il revient se coucher contre moi, prêt à se rendormir. Moi, en général, je me lève pour aller prendre ma douche et partir travailler. C'est terrible, ce silence qui me poursuit quand je me retrouve seule dans la rue et que je marche vers mon arrêt de bus. J'ai le sentiment d'être impure, de devoir vivre dans la honte un amour contre nature. Ce que ressentent, j'imagine, les pères de famille qui fréquentent les pisso- tières. Et puis, j'attaque ma journée comme une lionne. Ces jours-là, je suis d'une efficacité dont je ne me serais moi-même pas crue capable. Lorsque je retrouve Mathieu, le soir, le lendemain ou le surlendemain par- fois, tout est à nouveau simple et fraternel. Et c'est comme si nous n'avions jamais fait l'amour. Tout semble effacé.

— Et ici, pendant votre séjour, ça va se passer com- ment, d'après toi ?

— Tu as vu, c'est moi qui me lève la première, je le laisse se rendormir.

— Tu veux dire que ce matin vous avez…

— Baisé ? Oui. Tu vois, nous avons été discrets, tu n'as rien entendu. C'était agréable de tomber sur toi en me levant, d'avoir quelqu'un à qui sourire. Tu verras, tout à l'heure, quand il se lèvera, c'est vers toi qu'ira Mathieu. Une fois qu'il t'aura parlé, après avoir évité mon regard, il me demandera négligemment où nous sommes allés nous promener comme si j'étais une de tes amies qu'il voit pour la première fois de sa vie. Dis-moi, Marin, j'ai besoin de savoir, ça se passe comment chez vous ? Vous ne parlez jamais ?

— Chez nous, où ça ? En Bretagne ? Mais ça se passe comme ailleurs…

— Tu as très bien compris ce que je voulais dire. Chez vous, entre hommes… Je pensais que, peut-être, ce silence, c'était un secret d'homme à homme... J'ai lu des livres, j'ai vu des films. Dans les pissotières, les parcs, les *back-rooms*, vous parlez peu, j'imagine...

— Tu devrais peut-être lire un peu moins, Margot. Et cesse d'imaginer la vie des autres. Qui te dit, par exemple, que je fréquente les endroits dont tu parles ? Si Mathieu ne parle pas, c'est peut-être qu'il n'a, tout simplement, rien à dire. Oublie les pissotières et les *back-rooms*, essaie d'être heureuse. Le jour où Mathieu n'aura plus envie de faire l'amour avec toi, il ne viendra plus dormir dans ton lit.

— Il est tellement seul, tellement secret. Parfois, quand je rentre le soir, je le trouve plongé dans ses bouquins de peinture, assis par terre dans sa chambre. Il a plein de calepins ouverts autour de lui sur lesquels il fait des croquis et prend des notes. Il a l'air tellement triste dans ces moments-là, c'est impossible de lui parler.

— Margot, je vais te livrer un secret d'homme à homme puisque tu me le demandes. Le jour où, en rentrant, tu trouves Mathieu en train d'écouter Dalida chanter *Téléphonez-moi* tout en feuilletant l'album de mariage de Grace Kelly, pense à fermer à clef l'armoire de pharmacie. En dehors de ça, tu ne t'inquiètes pas pour lui. Je pense qu'il a déjà survécu à pas mal de choses. »

Margot pose un bras sur mes épaules pour me dire qu'elle suit toujours mes conseils. Elle me parle longuement d'un homme marié qu'elle vient de rencontrer.

Un bateau de pêche fait son entrée dans le port avec une escorte de mouettes. Les hommes du chantier naval ont dû faire une pause pour manger, on n'entend plus leurs coups de marteau. Je les imagine installés dans l'une des coques en bois devant un tajine. C'est là qu'ils vivent pendant la durée du chantier. La nuit, sur le quai, on voit la lumière des lampes à pétrole à l'intérieur des bateaux en construction et l'on sent l'odeur du feu de copeaux qu'ils allument pour se faire à manger et se réchauffer.

Mathieu est déjà levé lorsque nous arrivons à la maison. Pour faire mentir Margot, il s'approche d'elle et l'embrasse dans le cou, très tendrement. Puis il s'avance vers moi avec l'air de s'excuser et il dépose un petit baiser sonore sur ma joue.

Je monte du thé à la terrasse, nous le sirotons assis tous les trois par terre. Margot dit qu'une fois dans la semaine elle voudrait aller au hammam. Je pense que Zora s'y rendra avec ses sœurs dans les jours qui viennent pour se préparer à la fête du Nouvel An. Elle pourrait l'emmener. Margot passerait la journée avec elles à se faire masser et à manger des pâtisseries.

Mathieu se tourne vers moi avec un air complice et me demande, à son tour, de l'emmener un jour. Je sens dans son sourire l'excitation malsaine de l'Européen qui rêve de se retrouver au milieu d'Arabes nus nimbés de volutes de vapeur. Il a dû se faire tout son petit film avec Oum Kalsoum en fond sonore. C'est justement la raison pour laquelle, depuis mon arrivée, je n'ai jamais fréquenté les hammams. Je pense n'avoir rien à faire dans cette fraternité masculine dont je me suis très tôt exclu

par ma sexualité. Il faudra donc trouver un ami maro-
cain pour accompagner Mathieu au hammam et lui
montrer comment se comporter.

Margot descend prendre sa douche et je reste seul
avec Mathieu, étendu au soleil. Si j'étais capable de dormir dans la journée, je ferais volontiers une sieste.

Mathieu s'inquiète de savoir ce que Margot a pu me
raconter à son sujet.

« Alors, tu sais… pour Margot et moi.

— Margot m'a parlé de ton corps, oui. »

Évidemment, ça produit son petit effet. Mathieu ne
rougit pas mais il a l'air perturbé, se demandant quels
détails physiques Margot m'a révélés.

« Tu dois trouver ça bizarre, non, que je couche avec
une femme ?

— Ne sois pas vulgaire, tu ne couches pas avec une
femme, tu fais l'amour avec ton amie Margot.

— Ça doit te surprendre… Toi, tu es un pédé pur et
dur.

— Qu'est-ce qui te permet de dire ça ? Dur, souvent,
pur, rarement…

— C'est à cause de ton livre.

— Dis-moi, quand j'ai écrit la série des *Pignounou, le
lapin bleu qui n'aime pas les carottes*, tu m'as pris pour un
lapin ou une lapine ?

— Tu me trouves ridicule…

— Rassure-toi, mon lapin, je ne vais pas te faire un
procès parce que *tu couches avec une femme*. C'est arrivé
à des gens très recommandables, avant toi. À commencer par nos parents. Alors, détends-toi. Je n'ai jamais cru

aux histoires collectives. Chacun fait ce qu'il veut. Nous ne sommes pas des petits soldats, engagés volontaires dans l'armée rose. Personne ne te demande de comptes.

— Pour te dire la vérité, ça m'était déjà arrivé… Mais là, c'est différent… Nous vivons ensemble.

— C'est plus pratique, tu n'as pas à te déplacer. »

Margot remonte à la terrasse avec les cheveux mouillés. Elle a dû utiliser le ghassoul de la tante de Zora. Le siphon de la douche va encore se boucher.

J'aimerais bien profiter du soleil pour emmener Margot et Mathieu marcher le long de la plage. Nous avons le temps d'arriver aux ruines du fort de Diabat avant la nuit.

Le taxi refuse d'aller au-delà de Saint-Paul. François devra terminer le trajet à pied. La musique classique en provenance de la Bastille s'engouffre dans la rue Saint-Antoine, créant déjà une atmosphère de recueillement.

Depuis qu'il a pris un studio au Quartier latin, François se sent à nouveau parisien. Il retrouve ses années d'étudiant. Sa vie se partage désormais entre Paris, où il travaille trois jours par semaine, et Le Havre où il continue d'assurer un service hospitalier nettement allégé. S'il est retenu là-bas par des gardes, il profite de la mer et, si rien ne l'oblige à rester en Normandie, il retrouve avec joie les fins de semaine parisiennes avec sorties nocturnes, marché rue Mouffetard, brunch entre amis, balade au Jardin des Plantes, thé à la Mosquée et cinéma du dimanche soir.

Au Havre, François profite de sa voiture pour rouler comme un fou sur les routes côtières en remontant vers Fécamp. Parfois, grâce au nouveau pont sur l'estuaire, il va dîner à Trouville sur un coup de tête. La solitude de

ces derniers mois ne ressemble en rien à sa vie d'avant
Margot. Aujourd'hui, il vit son statut d'homme divorcé
l'agenda à la main et planifie ses aventures en dosant
subtilement l'attachement et la distance. Toute l'énergie
qui, du temps de sa vie avec Margot, était employée à
rendre agréable le quotidien, à tenter d'échapper à la
monotonie, à essayer, tout simplement, de survivre à
l'usure de leur couple, il la place désormais dans la
séduction et la sauvegarde de sa liberté.

François vit une liaison discrète avec la jeune femme
chef de clinique du service de gériatrie depuis quelques
semaines. Ils n'ont pas grand effort à déployer pour
tenir leur histoire secrète puisque personne n'irait imaginer un quelconque lien entre la maternité et la gériatrie,
même si les deux services se partagent l'aile la plus
vétuste de l'hôpital. Et c'est en effet là, dans la cour
abritée de marronniers centenaires, qu'ils se sont rencontrés un soir où Odile n'arrivait pas à faire démarrer
sa vieille 4L.

À Paris, la vie de François est plus axée sur la nuit, les
rencontres sans lendemain, les sorties avec des copains
de fac qu'il a retrouvés à Saint-Vincent-de-Paul. Étrangement, il n'a pas revu Margot depuis qu'il est à moitié
parisien. Il a pourtant son adresse et son numéro de
téléphone et ils s'appellent parfois pour des raisons stric-
tement matérielles : la déclaration d'impôts, la disponi-
bilité de la maison de campagne. Pour ce qu'elle lui en
dit au téléphone, Margot y va rarement. François, lui,
n'y est jamais retourné. Odile dit aimer la campagne
mais il n'imagine pas aller avec elle dans la maison qu'il

a reconstruite de fond en comble avec Margot. Il a gardé leur appartement, se contentant de changer quelques meubles de place et de remonter de la cave les vieilleries qui avaient échappé à la grande transhumance vers la Loire. François fait donc régulièrement suivre son courrier à Margot. Leurs relations se limitent désormais à cela.

Devant l'Hôtel de Sully, trois vendeurs ont installé leurs tables de camping couvertes de roses rouges. François choisit le plus sympathique, un jeune Pakistanais au regard malicieux qui s'est placé juste devant le panneau *CAISSE NATIONALE DES MONUMENTS HISTORIQUES*. Il achète sa rose à un prix exorbitant et se dirige vers la place de la Bastille.

À dix mètres devant lui, François croit l'apercevoir. En plein milieu de la chaussée, protégé de la foule par une bulle de solitude, un jeune homme aux cheveux noirs marche, la tête haute, vers la Bastille. Sa silhouette frêle est barrée en diagonale par la bandoulière de son petit sac en Skaï. François presse le pas, prêt à poser sa main sur l'épaule de Luc mais le jeune homme tourne la tête vers lui et tous ses espoirs s'évanouissent.

D'ordinaire, François pense à Luc le matin, en franchissant les grilles de Saint-Vincent-de-Paul. Il s'est longtemps demandé pourquoi, justement à cet endroit, surgissait l'image de Luc et puis, n'espérant plus trouver la réponse, il s'est contenté de ces rendez-vous réguliers avec lui.

En pensant à Luc, François se sent la même impuissance que lorsqu'un accouchement se passe mal et qu'il ne parvient pas à sauver le nouveau-né. Il pense à Margot et il se sent responsable de leur séparation comme si c'était à lui qu'avait, de fait, échu le rôle de garder Luc près d'eux. Il a failli à son devoir, il n'a pas été capable de retenir Luc, comme un mauvais père qui ne réussit pas à sauver son enfant. Luc est l'hirondelle du faubourg. L'air de la chanson s'insinue dans sa tête, couvrant un instant la musique classique. Il voit la pauvre enfant mourante arriver à l'hôpital. À l'instant où le médecin comprend qu'il ne pourra pas la sauver, la petite lui fait comprendre qu'elle est sa fille. *On m'appelle l'hirondelle du faubourg...*

La place est noire de monde. Un portrait géant de François Mitterrand a été tendu devant le port de l'Arsenal. François avance au milieu de la foule pour essayer d'arriver au centre de la place. Les grilles tout autour de la colonne sont déjà prises, il s'arrête à côté d'un groupe de jeunes gens aux yeux rouges qui n'avaient sans doute même pas le droit de vote en 1988. Il y a sur leurs visages une vraie affliction, comme s'ils étaient à l'enterrement de leur grand-père. Quel âge avaient-ils en 1981 ? Entre huit et dix ans ?

Devant lui, une femme d'une quarantaine d'années en K-way vert et violet serre contre elle ses deux enfants. L'aîné est presque aussi grand qu'elle. Ils sont tous les trois collés les uns aux autres, en triangle, comme une frise sur le fronton d'un temple grec. Chacun porte sa rose rouge devant lui, comme un cierge. François les observe, attendri. La femme tourne la tête et leurs regards se croisent. Elle a un beau visage allongé avec de grands yeux noirs que fait ressortir une mèche blanche parmi ses cheveux foncés. Le sourire qu'elle lui adresse est franc et amical à tel point que François se demande s'ils se sont déjà rencontrés. Sentant le regard de leur mère, les enfants se retournent. Un instant, François craint d'avoir à faire face à deux regards hostiles. Sans s'en rendre compte, il s'est déjà laissé prendre au jeu de la cérémonie. Il s'imagine avoir troublé, par son sourire à la mère, l'intimité d'un deuil familial. Mais les deux regards qui le fixent sont avenants et plutôt tendres. François fait un pas en avant. C'est le garçon qui parle le premier.

« Vous avez voté pour lui les deux fois ? Maman, elle a voté socialiste aux deux élections… »

La mère sourit de l'aisance avec laquelle son fils s'adresse à un inconnu. Elle explique à François qu'en 1981 elle a voté par procuration parce qu'elle était à la maternité. Le grand garçon qui est debout à côté d'elle est né le 10 mai 1981. Il s'appelle Léon. Comme Léon Blum, précise le fils.

« Ce jour-là, je n'avais pas pu venir fêter la victoire à la Bastille, alors aujourd'hui, nous sommes venus tous les trois… »

Le silence s'installe à nouveau. La foule a le regard vide. Toutes les têtes sont tournées vers le portrait géant. La grande majorité de ceux qui sont présents place de la Bastille s'est réjouie en voyant tomber à la télévision les statues de Lénine en Europe de l'Est, et aujourd'hui ils sont venus, leur rose à la main, fixer le portrait de François Mitterrand, dans un silence quasi religieux, l'œil battu et la joue blême, attendant un signe ou une parole que cette image monumentale ne leur délivrera pas.

Un cri vient pourtant briser le silence.

« François, François… »

C'est une voix de femme. On se retourne, croyant à une bouffée délirante. On cherche du regard la pauvrette qui, ahurie de douleur, s'est laissée aller. C'est finalement un grand classique des funérailles, le crise de nerfs au moment de la mise en terre.

« François, François… »

La jeune femme, tout sourires, fait de grands gestes, agite sa rose rouge pour attirer sur elle l'attention. François tourne enfin la tête dans sa direction, il reconnaît Margot.

Il est face à la femme qui a partagé sa vie pendant presque dix ans, mais c'est une autre Margot qui lui fait signe. Elle a embelli, ses traits se sont affirmés. Elle a teint ses cheveux en brun et ça la rend très attirante. François reconnaît son tailleur foncé, il le lui avait offert pour ses vingt-cinq ans mais sa façon de le porter le rend méconnaissable. François se dit soudain qu'il aurait aimé la voir ainsi lorsqu'ils vivaient encore ensemble. Il regrette qu'elle ait attendu leur séparation pour se transformer.

Sans se démonter, Margot joue des coudes pour arriver jusqu'à François. La mère des deux enfants lui lance un regard amusé et se tourne vers les marches de l'Opéra où Barbara Hendricks vient d'apparaître. Mar-

got tend sa joue à François, il y dépose un baiser distant.
Il a déjà oublié par quels détails passait leur intimité.
Tout autour, la foule semble les regarder. François
avance une main vers la taille de Margot et elle vient se
cacher dans ses bras. Ils restent là enlacés, redécouvrant
mutuellement leur odeur sous le regard déterminé de
François Mitterrand. En 1981, Margot n'avait pas le
droit de vote. En 1988, ils se connaissaient depuis à peu
près un an et ils étaient allés voter ensemble. Margot
était tout feu tout flamme, brandissant fièrement sa
carte d'électeur toute neuve. François était plus mesuré,
un peu déçu, déjà. Pourtant, il citait l'abolition de la
peine capitale comme un acquis inestimable, chaque
fois que quelqu'un, et ça ne manquait pas dans son
entourage médical, attaquait les socialistes. Et puis,
comme tant d'autres, il espérait en finir avec la cohabitation. Alors, quelques semaines plus tard, Margot et
François étaient retournés au bureau de vote pour les
législatives.

Sur la place, la musique s'est tue. Margot et François
restent enlacés. Au-dessus d'eux, tout en haut de sa
colonne, le génie de la Bastille les couve de ses ailes
dorées. La foule retient son souffle. François pense à
leur trajectoire. Ils se sont mariés, ils ont acheté la maison, il y a eu à nouveau la cohabitation, et puis Luc est
arrivé.

Barbara Hendricks a attaqué *Le Temps des cerises*. La
foule frissonne.

Margot retrouve ce parfum qu'elle n'aimait pas. Avec

le temps, elle s'y était pourtant faite, elle avait même renoncé à convaincre François d'en changer. Elle se souvient de leur dernier week-end ensemble dans la maison. Elle revoit le soleil se lever sur la baie du Mont-Saint-Michel. François, Luc et elle sont debout face au large.

Margot appuie sa tête contre l'épaule de François, le temps s'arrête un court instant. Dans quelques minutes, elle s'arrachera à son étreinte et poursuivra son chemin. Elle ne peut plus faire marche arrière.

Et quand reviendra le temps des cerises...

François pense aux cerisiers qu'ils ont plantés dans le verger derrière la maison. Des bigarreaux Napoléon, les cerises préférées de Margot. Cette année, si les oiseaux ne les mangent pas avant, il y aura peut-être de quoi faire un clafoutis.

La chanson s'arrête. Lentement, Margot se détache de François, comme on retire précautionneusement le pansement d'une plaie sensible.

« Il faut que je te laisse, j'ai rendez-vous avec un ami, rue de Lappe.

— J'ai essayé de te téléphoner une fois... Je suis tombé sur un homme, j'ai raccroché.

— C'était Mathieu. Je partage son appartement. »

Cette fois, Margot pose un baiser sur les lèvres de François et elle disparaît sans suggérer qu'ils se revoient un jour plus longuement. François la perd très vite de vue. Devant lui, la femme aux deux enfants est toujours là. Léon tend la main à François pour lui dire au revoir. La femme remonte la fermeture Éclair de sa veste et

conseille à sa fille de mettre son écharpe. La petite ouvre
docilement son cartable pour prendre son cache-nez au
milieu d'un fouillis de livres et de cahiers. Le temps
qu'elle démêle ses affaires, François réussit à mémoriser
le numéro de téléphone qui est inscrit sous son nom et
son adresse sur le rabat du cartable.

En remontant le boulevard Beaumarchais à la
recherche d'un caviste, François regrette d'avoir accepté
cette invitation à dîner. Trouver du champagne rosé à
cette heure ne sera pas facile. Un psychiatre qu'il ne
connaît pas très bien a organisé un dîner rose en hommage au président défunt. Cela signifie que tout ali-
ment ou toute boisson qui n'est pas rose sera exclu de la
table.

François pénètre dans ce qu'il est convenu d'appeler
un appartement bourgeois. Il est situé dans l'un des
rares immeubles haussmanniens du Marais. Les doubles
portes qui faisaient communiquer entre elles les pièces
de réception ont été remplacées par des parois de verre
dépoli. Au plafond, des câbles métalliques courent discrètement le long des moulures d'où pendent, à des
hauteurs variées, des lampes basse tension, comme les
étoiles d'un planétarium.

Dans la semi-obscurité du salon, François distingue
une dizaine de personnes. Leurs visages sont éclairés par
les flammes mouvantes des candélabres posés au ras du
sol près des banquettes. François décide d'aller porter sa
bouteille de champagne au frais. En suivant le long couloir arrondi qui contourne la cage d'escalier, il arrive à la

cuisine, aveuglante de lumière. La maîtresse de maison le salue avec une chaleur de composition, un peu affectée. Accoudée à la faïence mexicaine de la table, une femme de cinquante ans, le visage long et creux comme celui d'un professeur de danse, tout de noir vêtue, pleure avec ostentation. François ne s'attarde pas, il longe à nouveau le couloir pour regagner le salon. Il commence à se demander sérieusement ce qu'il fait là, mais cela fait aussi partie de sa nouvelle vie : accepter des invitations qu'il aurait évidemment refusées lorsqu'il était plus tentant d'avaler un bol de soupe en compagnie de Margot, affalés sur le tapis en feuilletant des revues de décoration.

Un des invités semble avoir été promu au rang de maître de cérémonie pour les apéritifs. Il a des gestes de chimiste pour confectionner des cocktails hasardeux à base de Campari. Mais le résultat est là, le verre qu'il tend à François est rempli d'un liquide rose à vous couper toute envie de boire. En s'approchant pour saisir le verre, il reconnaît un acteur de théâtre dont le visage s'étale sur tous les abris de bus depuis que le cinéma s'est emparé de lui.

François salue d'un geste le maître de maison en grande discussion avec une jeune romancière blonde. Il s'approche de la cheminée et s'accroupit pour regarder les flammes danser sur les bûches. Des bribes de conversation lui parviennent. On parle psychanalyse, Afrique, immobilier, théâtre, Japon et gastronomie. François sent une présence dans son dos. Avant qu'il ait pu se retourner, la silhouette se baisse et vient se coller contre lui. Le comédien des apéritifs lui parle dans le cou. Il disserte sur ses instincts pyromanes, cite des passages de livres que François n'a pas lus et continue avec l'apologie de sa maison à la campagne où l'on reste des heures devant la cheminée, les mois d'hiver. François identifie son parfum, une odeur de vieux beau coûteuse à laquelle Margot avait tenté de le convertir, trouvant que *Drakkar noir* était nettement en dessous de sa condition. Mais l'eau de toilette est l'un des rares terrains sur lequel François avait tenu bon. Il avait vidé la moitié du flacon que Margot lui avait offert dans un coin du jardin envahi par les orties et le parfum s'était révélé un désherbant très efficace. Le fond du flacon a dû rester dans la salle de bains de la maison, à la campagne, et il doit, à cette heure, être passablement éventé.

Dans la salle à manger, la table est couverte de gâteaux de poisson à la tomate, de bols de tarama, de carpaccio de saumon. Avant d'attaquer le dîner, il faut lever sa coupe de champagne rosé au président défunt en écoutant un petit discours du maître de maison sur la portée psychanalytique du personnage de François Mitterrand. François étouffe un ricanement lorsque la médiatisation du surmoi est évoquée. Dans son coin, l'ancienne danseuse déguisée en veuve sanglote toujours.

François pense à la femme au K-way couleur perroquet, à son sourire confiant, à son visage calme. Au fond de sa poche, ses doigts effleurent le ticket de métro sur lequel il a noté son numéro de téléphone.

Il cherche des yeux la maîtresse de maison. Elle

déchire vaillamment une tranche de saumon entre ses incisives tout en s'entretenant avec un graphiste anglais que François connaît de vue. Il s'approche d'eux sans oser interrompre leur échange mais, en hôte exercée, la femme arrête un instant son interlocuteur pour demander à François s'il a besoin de quelque chose.

Il lui demande l'autorisation de passer un coup de fil à Paris. Elle le précède jusqu'à la chambre où il pourra téléphoner tranquille.

« Vous pouvez même appeler New York si ça vous chante, la ligne est au nom de ma société. Il n'y a guère que dans le Lubéron que nous payons nos factures de téléphone… Bêtement, j'ai hésité à mettre la ligne au compte de ma succursale de Marseille. »

Elle referme la porte derrière elle et François s'assied sur le lit encombré de vestes, de manteaux, de sacs à main. Tout à coup, il est tenté de faire les poches et les sacs. Il ne prendrait que l'argent liquide. Tout ce beau monde, occupé à ingurgiter son dîner rose, ne se rendra compte de rien avant le lendemain, si encore ils s'aperçoivent de quoi que ce soit et, de toute façon, ils n'oseront jamais s'en plaindre à leurs hôtes ! François tend la main vers un sac en crocodile. Il caresse les reliefs du cuir qui le font frissonner. Il ouvre le sac et trouve un poudrier, une paire de clips, un porte-monnaie et une liasse de billets de deux cents francs roulée et retenue par un élastique à cheveux. Il l'allège de deux coupures avant de la rouler à nouveau et de remettre l'élastique. Dans un portefeuille, il trouve même des billets de cinq cents francs. En ponctionnant discrètement chaque bourse, François parvient à un total de mille trois cents francs qu'il sépare en deux et glisse dans chacune de ses chaussettes. Il n'a pas perdu sa soirée.

François décroche le combiné et compose le numéro. Il contemple sur les murs autour de lui les tableaux abstraits. C'est un soir où il ne sait plus ce qu'il fait. De temps en temps, c'est particulièrement agréable. Après plusieurs sonneries, une femme décroche.

« Nous nous sommes vus tout à l'heure, place de la Bastille. Vous m'avez raconté la naissance de Léon. Vous vous souvenez de moi ?

— Je me souviens très bien de vous. Pourriez-vous me rappeler dans une demi-heure ? Je suis en train d'aider Léon à finir un devoir de français. Je voudrais qu'il se couche… Tout à l'heure, nous pourrons parler tranquillement.

— Je vous rappelle dans une demi-heure.

— Je m'appelle Isabelle… Vous vous appelez vraiment François ?

— Oui, c'est mon nom. »

Il fait nuit. Luc distingue au loin les lumières d'un village. Il a quitté le vignoble après les vendanges pour marcher vers l'ouest. Le 31 décembre, à minuit, il était sur une plage. En jetant des roses pour Iemanjá dans les flots, il s'est dit : « Une nouvelle année commence… », et il a décidé de quitter la mer pour revenir sur ses pas.

Depuis plusieurs jours, la lande a disparu, laissant la place à de grands champs nus et tristes. Le matin, la terre couverte de gelée blanche craque sous les pas. Cet après-midi, il a fait la sieste dans une cabane au bord d'une rivière. Il a réussi à attraper un poisson et l'a fait griller sur un feu de brindilles. Quand la pluie a cessé, en milieu d'après-midi, il a décidé qu'il devait continuer vers l'est, profiter de l'accalmie pour faire encore quelques kilomètres avant la nuit.

La nuit l'a surpris dans sa marche. Le poisson de midi lui semble loin, déjà. Son estomac vide lui fait mal. Il commence à faire froid, le vent traverse sa veste en tricot. Luc a les muscles des jambes contractés par la fatigue.

En marchant, Luc serre dans sa main sa dernière pièce de dix francs, se disant qu'il n'a pas tout perdu. Le temps qu'il atteigne le village, quelques lumières se sont déjà éteintes. Le clocher sonne onze coups qui résonnent contre les volets clos. L'unique café, face à la mairie, est fermé. Luc se demande où il pourrait bien aller.

Luc s'approche d'une porte. La sonnette fait dans la grande maison un bruit tellement fort qu'il sursaute. N'obtenant aucune réponse, il sonne encore deux fois. Au troisième coup, toutes les lumières de la maison s'éteignent. Un grincement attire son attention, il s'approche de la fenêtre du rez-de-chaussée. À travers l'ouverture du volet en forme de cœur, Luc distingue, dans l'obscurité, deux yeux clairs qui l'observent. De peur d'apercevoir bientôt le canon d'un fusil, il détale.

Dans son dos, une petite voix l'appelle.

« Monsieur, Monsieur, venez… »

Luc se retourne. Une vieille dame est debout sur le seuil de la maison d'en face. Elle disparaît complètement sous plusieurs couches de vêtements délavés. Elle tient dans ses mains une grosse couverture à carreaux. Ses cheveux sont tellement courts qu'on croirait son crâne rasé.

Luc traverse la rue. La femme descend une marche, lui pose la couverture sur les épaules et le pousse à l'intérieur en lui frottant le dos. Elle tire un gros fauteuil jusque devant la cheminée. Elle est tellement frêle, Luc est gêné de la voir se démener ainsi mais il est incapable de faire le moindre mouvement, comme si la chaleur de la maison l'avait transformé en pierre. La femme le pousse dans le fauteuil, rajoute une bûche au feu et annonce qu'elle va mettre de la soupe à chauffer.

Luc remonte la couverture jusqu'à son cou. Il regarde fixement les flammes. Ses pieds le brûlent, tout devient orangé autour de lui lorsqu'il détourne ses yeux du feu. Il perçoit des bruits de casserole, tout près. Un ange l'a pris sous son aile, un ange décharné et déplumé, mais un ange, à coup sûr.

La femme revient avec un bol de soupe. C'est trop chaud, Luc doit attendre avant de pouvoir manger. Un peu réchauffé, Luc se remet sur ses jambes et la femme l'entraîne à la cuisine. Elle allume la radio qui diffuse, à cette heure, des variétés internationales. L'animateur annonce « De la part de Bernadette pour son Nounours et pour toutes les collègues de la laiterie de Vihiers... Le slow de nos vingt ans, un peu du soleil d'été pour réchauffer cette froide soirée d'hiver. Merci Bernadette... » C'est une chanson italienne qui parle de larmes. Luc est assis à la table en Formica bleu et il regarde la femme battre des œufs pour faire une omelette, trancher du pain, couper du lard. Sa petite carcasse semble receler des trésors inépuisables d'énergie. Elle met son omelette à cuire et s'approche de Luc en posant ses deux mains sur la table.

« Je m'appelle Germaine. Ne vous inquiétez pas, je ne vais pas vous embêter, je parle très peu. Ma maison est chauffée et chez moi il y a toujours à manger. »

Après avoir avalé jusqu'à la dernière miette et copieusement saucé son assiette, Luc s'installe à nouveau dans le fauteuil devant le feu. Germaine a rempli deux tasses d'un liquide étrange mais chaud. Elle s'est assise près de lui sur une petite chaise où elle se tient toute droite comme une communiante sur un prie-Dieu. Ses yeux ronds et perçants fixent un point mystérieux devant elle.

« Certains jours, je me dis que c'est une chance de vivre vieux. Plus on vieillit, plus on apprécie les surprises de la vie. Regardez, il y a une heure, nous ne nous connaissions pas. J'étais seule, vous aviez froid, nous ne savions même pas que nous allions nous rencontrer. »

Luc bouge les lèvres comme pour dire quelque chose mais les mots ne sortent pas de sa bouche.

« N'allez pas croire que je suis Mère Teresa ou le docteur Schweitzer… Rien qu'une vieille bonne femme seule qui aime bien la compagnie. Et je préfère voir entrer chez moi un beau jeune homme plutôt que les faces de cul de singe des vieux du village. Mais, à mon âge, on a assez vécu pour savoir que les jeunes gens ne restent jamais longtemps au même endroit, surtout s'ils sont beaux, alors on devient assez maligne pour ouvrir sa porte au moment où ils passent et assez sage pour profiter de leur compagnie le peu de temps qu'ils sont là… »

Luc croise le regard de Germaine. Elle a un sourire de vieux brigand. Le bois craque dans la cheminée. Luc boit une gorgée du liquide amer qui remplit sa tasse. Il sent tout son corps se détendre. Une légère brume l'envahit et il laisse sa tête rouler sur le dossier du fauteuil pour glisser doucement dans le sommeil.

Germaine réveille Luc en lui tapotant la joue. Elle le

fait monter jusqu'à une chambre tapissée de papier à fleurs, au deuxième étage de la maison. Le petit lit est couvert d'un tissu brodé. Germaine sort de l'armoire un oreiller et une couverture matelassée.

« Donnez-moi vos vêtements, Luc, je vous ferai la lessive demain matin en me levant. »

Luc hésite d'abord à se déshabiller. Devant sa gêne, Germaine a un petit rire mélodieux de jeune fille. Elle lui fait comprendre, en hochant la tête, qu'elle en a vu d'autres. Luc vide le contenu de ses poches sur le lit : un Opinel, un mouchoir, plusieurs petits papiers pliés, un briquet, une pièce de dix francs. Il retire sa veste, son chandail, son pantalon, ses chaussettes et sa chemise. Luc est maintenant debout, en slip, devant Germaine. Il aperçoit son reflet dans la glace de l'armoire. Cela fait longtemps qu'il n'a pas vu son image. Il est maigre. Ses cheveux ont poussé, une petite barbe commence à envahir ses joues.

Germaine ramasse ses vêtements et ses chaussures qui ont besoin d'être cirées puis elle réclame encore son slip. Luc s'exécute. Germaine contemple sa nudité d'un air satisfait. Un sourire très discret allonge les coins de sa bouche. En lui tendant un pyjama, elle lui demande où il est né et disparaît en refermant la porte derrière elle.

Luc range son sac sous le matelas et s'allonge sur le dessus-de-lit pour chauffer les draps. Il repense à sa journée. Ce matin il s'est réveillé dans une meule de paille, à l'abri dans une grange, et il s'est sauvé quand il a entendu les tracteurs approcher. Ce soir, il est au chaud dans une maison, il va passer la nuit dans un lit et demain ses vêtements seront propres. Luc se glisse entre les draps tièdes en souriant. Il a le sentiment que ça ne lui est plus arrivé depuis une éternité. Il se concentre sur son sourire pour l'emporter avec lui dans le sommeil.

La journée est déjà bien entamée quand Luc se réveille. Il descend en pyjama jusqu'au rez-de-chaussée et trouve ses vêtements propres et étendus près du feu.

Germaine, en le voyant débarquer à la cuisine, pose une cafetière sur le feu et lui prépare de grandes tartines de confiture de mûre.

« Vous êtes mon prisonnier, vous ne pourrez pas repartir aujourd'hui, il faut attendre que vos vêtements sèchent. »

Luc traîne en pyjama toute la journée. Il a trouvé de vieux journaux dans une corbeille près de la cheminée et il se plonge dans les faits-divers locaux. Germaine lui apporte de temps en temps du café et des biscuits. Elle s'affaire à la cuisine et vers la fin de l'après-midi, elle l'appelle. Il s'attable devant une potée. Germaine le gave de choux, de palette et de saucisses.

De retour au salon après dîner, Germaine lui raconte brièvement sa vie. Il n'y a pas si longtemps, il y avait encore dans cette maison un mari et des enfants. Le mari est mort et les enfants sont partis vivre des vies ennuyeuses dans la banlieue de Paris. Ils préfèrent envoyer leurs enfants dans des camps de vacances plutôt que de les lui confier. Elle a bien quelques amis qui passent de temps en temps mais ce qu'elle préfère, c'est rencontrer des gens nouveaux. Son rêve, ç'aurait été de voyager mais elle n'a jamais pu.

Germaine pose à Luc mille questions sur son pays.

« Je vous ai dit que je n'étais pas bavarde, je crois que j'ai menti. »

Pour faire plaisir à Germaine, Luc raconte ses voyages, les bateaux, les avions, les levers de soleil sur des paysages inconnus, la mer qui n'a nulle part la même couleur, la chaleur humide, les montagnes bleues, la terre rouge, le sable noir.

Germaine finit par s'endormir contre son épaule et Luc la prend dans ses bras pour la monter jusqu'à sa chambre, au premier étage. Il l'étend sur le lit et la couvre avec l'édredon. Il s'accroupit et la regarde dormir. Il se dit que tous les êtres humains ont en commun de ressembler à des enfants lorsqu'ils dorment.

Le lendemain, Luc se lève de bonne heure et trouve devant sa porte ses vêtements repassés et ses chaussures cirées. Il se lave, se rase et s'habille. Il descend à la cuisine où l'attend encore un copieux petit déjeuner. Germaine s'assied face à lui et le dévisage en lapant son café comme si elle cherchait à fixer son image.

Luc se lève de table. En remettant son pantalon propre, il a glissé dans sa poche sa dernière pièce de dix francs. Il sort en claquant derrière lui la porte de la maison. Le froid le saisit.

Sous l'œil soupçonneux de l'épicier, il tourne entre les rayons à la recherche d'un cadeau pour Germaine. Il finit par aviser un paquet de café en promotion à neuf francs quatre-vingt-quinze. Il tend à l'épicier ses dix francs et glisse dans sa poche comme un porte-bonheur la pièce de cinq centimes qu'il lui tend en retour.

Luc cache le paquet de café derrière son dos et sonne chez Germaine.

« Je croyais que vous étiez parti sans me dire au revoir, j'étais en colère. Entrez vite, il fait froid. »

Luc tend à Germaine le paquet de café. Elle pousse un petit cri de surprise avant de l'embrasser sur le front pour le remercier.

Elle a préparé une canadienne en cuir épais, un chandail de laine, de grosses chaussettes et une couverture pour Luc. Elle a aussi emballé de la nourriture dans du papier d'aluminium.

Luc prend Germaine dans ses bras devant la porte. Contre lui, elle paraît minuscule. Il attrape son sac et passe la courroie en travers de ses épaules.

« Les jeunes gens, il faut toujours que ça reparte. C'est votre beauté qui vous pousse sur les routes du monde. Si la vie est généreuse avec vous, un jour, elle vous rendra un peu moins beau et alors vous pourrez vous reposer. Mais peut-être que ce jour-là je ne serai plus là. Ma porte vous est toujours ouverte, Luc, mais dépêchez-vous de revenir, je ne suis pas éternelle. »

Luc dépose un baiser sur le front de Germaine et il s'éloigne sans avoir pu lui promettre de revenir. Il est déjà sorti du village lorsque Germaine franchit le seuil de sa maison, enveloppée dans un gros manteau, une échelle à la main. À petits pas elle grimpe jusqu'aux volets du premier étage sur lesquels elle cloue une pancarte. Sur le panneau de bois elle a écrit en grosses lettres à la peinture noire : CHAMBRES À LOUER. Mais Luc est déjà trop loin pour la voir.

En fin de journée, Luc monte une route en lacets qui conduit à un pré au sommet d'une colline, dominé par un grand noyer. Dans le creux de la roche, en contrebas, il reconnaît la maison. La cave à bois n'est pas fermée à clef. Luc y pénètre et il étale des fagots de sarments de vigne sur le sable. Il referme la porte, s'enroule dans la couverture et se couche sur son lit de branches.

Mathieu s'est réveillé dans un silence inhabituel. Il a ouvert les yeux et la lumière bleutée l'a étonné. En s'asseyant dans le lit, il a regardé par la fenêtre : le paysage devant lui était tout blanc, il avait neigé toute la nuit.

Les vitres de la cuisine sont couvertes de givre. La neige a fait de petites congères sur l'appui de fenêtre et sur le bâti horizontal. Pendant que son café chauffe, Mathieu contemple les buissons et les arbres tout poudrés. Dans le jardin, l'étendue blanche est intacte, pas même traversée par des oiseaux ou par un renard.

Mathieu se demande si François a déjà trouvé son jardin couvert de neige le matin en se réveillant. Depuis la vieille quand il a allumé le feu avec un vieux *Quotidien du médecin*, Mathieu n'en finit pas de traquer les signes de la présence dans cette maison d'un homme qu'il n'a jamais vu. Il se dirige vers le petit salon et fouille dans les disques. Il trouve des albums de groupes qui étaient à la mode il y a vingt ans, des variétés assez inavouables. À en juger par les dates, ils ne peuvent pas être à Margot. Ce passé musical lui rend François sympathique.

Mathieu choisit le *Requiem* de Mozart, musique qui lui semble adaptée à un jour de neige. Il a réglé le son au minimum pour ne pas réveiller Margot. Il s'assied dans le canapé, un bol de café entre les mains pour se réchauffer, et regarde les flocons tournoyer lentement dans les airs avant de se poser délicatement à terre.

Pour sortir, Mathieu cherche des chaussures confortables. Dans l'armoire de l'entrée, il trouve des affaires d'homme. Les vêtements qui pendent, bien ordonnés sur des cintres, appartiennent sans doute à François. Mathieu examine les chemises et les pantalons, il n'y a rien qu'il ne porterait pas. Quand Margot lui avait parlé de François, il ne s'était pas imaginé coucher un jour dans son lit et fouiller dans ses affaires à la recherche d'une paire de chaussures. Margot lui avait dit que François était médecin et il s'était imaginé un bellâtre en costume Daniel Hechter l'hiver, et en polo Lacoste et jean New Man, l'été. Pas un instant il n'avait pensé que cet homme pouvait lui ressembler ou, du moins, avoir des choses en commun avec lui. Debout devant les reliques de la garde-robe de campagne de François, Mathieu se voit entrer dans sa peau. Il trouve au fond de l'armoire une paire de chaussures de montagne qu'on dirait achetées pour lui, se choisit également une parka en toile huilée d'un très beau bleu et sort faire un tour dans le jardin.

La neige émet des crissements à chacun de ses pas. Mathieu monte le sentier jusqu'au pré par où ils sont arrivés hier. L'immense noyer est tout blanc. En tombant des branches, la neige a formé une forteresse arrondie autour du tronc. Face à Mathieu, jusqu'à la Loire, toute la vallée est blanche.

En redescendant vers la maison, Mathieu décide d'aller faire un tour du côté des dépendances. Il ouvre une porte. Un jeune homme est endormi sur le tas de sarments.

Margot est réveillée par des cris en provenance du jardin. Mathieu n'est plus dans le lit à côté d'elle, Margot aperçoit la neige par la fenêtre et court pieds nus jusqu'à la porte pour voir le jardin tout blanc.

Mathieu arrive tout essoufflé.

« Il y a quelqu'un dans la cave à bois. Je crois que c'est lui. »

Margot court, pieds nus dans la neige. Luc est réveillé. Elle se jette dans ses bras.

Margot, Luc et Mathieu sont attablés à la cuisine. Mathieu coupe des tranches de pain que Margot tartine de beurre et de confiture avant de les tendre à Luc. Margot pense à François, elle se dit qu'il aurait aimé être là, assis à cette table avec Luc.

Luc n'a pas demandé où est François. Il a changé depuis son dernier passage. Il a maigri, il semble fatigué, vieilli mais tout cela lui donne un magnétisme plus grand encore. Il est difficile d'échapper à son regard brillant creusé par l'hiver.

Au salon, devant la cheminée, Luc s'installe entre eux sur le canapé et il s'endort sur l'épaule de Mathieu. La journée s'étire doucement. Margot entretient le feu et Mathieu évite de bouger pour ne pas réveiller Luc.

Lorsque Luc se réveille, Margot est en train de faire griller de la viande dans la cheminée. Elle demande à Mathieu d'aller chercher une bouteille de vin à la cave.

Mathieu fait tourner la clef dans la serrure rouillée et pénètre dans ce qui lui semble être l'antre de François. Il regarde les bouteilles bien alignées sans oser les toucher. Il y a quelques vieux bordeaux, des bourgognes rares, des châteauneuf-du-Pape. Les bouteilles semblent attendre le retour de François. Il jette finalement son dévolu sur les vins de la région et saisit une bouteille d'anjou rouge de cinq ans d'âge. Il ressort en fermant la porte à double tour.

À table, Luc dévore la viande et les légumes grillés avec un appétit féroce. Mathieu lui demande ce qu'il va faire dans les jours qui viennent. Il sent sur lui le regard de Margot. Ils ont pensé à la même chose. Luc ne sait pas vraiment où aller, pourtant, il va faire froid. Mathieu lui propose de rentrer avec eux à Paris le lendemain. Luc pose l'os qu'il était en train de ronger. Il regarde Margot, puis Mathieu.

« Paris ?... »

Luc reprend son os dans l'assiette.

« D'accord, je viens avec vous. »

Après dîner, Luc retrouve sa chambre au petit lit, la chaise pour poser son sac. Il se couche et s'endort rapidement. Margot se couche aussi, s'attendant à ce que Mathieu ne la rejoigne pas, préférant peut-être dormir dans le canapé.

Mathieu traîne dans la maison. Il passe du salon à la

cuisine, fait les cent pas dans le couloir, ne sachant que faire. Près de la cheminée, sur un pan de mur camouflé par un buffet, des photos de famille ont été accrochées. Il y a, tout en haut, des portraits du début du siècle, avec des hommes à moustache et des femmes à coiffe. Plus bas, deux nourrissons en langes se font face. À côté, des photos de vacances des années soixante immortalisent des matchs de volley sur la plage, des barbecues entre amis devant la caravane, des poses en maillot de bain et des parties de Jokari. La vie est là, fixée en noir et blanc sur du papier à émulsion, et c'est généralement dans ce genre de photos que Mathieu trouve toute la matière rassurante du monde. Les générations se succèdent et se photographient en train de faire les mêmes choses ou à peu près, les sourires sont toujours les mêmes, il n'y a rien d'autre à voir dans ces clichés que la joie d'être ensemble. Aujourd'hui, Mathieu regarde ces photos avec effroi. Il sent que la peur s'est emparée de lui à l'instant où Luc a accepté de les suivre à Paris et qu'elle ne le lâchera plus. Il compte avec son index le nombre de morts sur ces photos. De tous ces gens accrochés au mur, combien sont encore vivants ?

Margot a expliqué à Mathieu que Luc pouvait disparaître sans prévenir et l'angoisse de le voir partir l'empêche de dormir. Ses pas le conduisent d'abord à la chambre où Margot dort paisiblement, allongée sur le ventre, un bras en travers du deuxième oreiller, là où se trouverait sa tête s'il dormait à côté d'elle. Puis il pénètre dans la chambre de Luc. Il reste longtemps assis sur ses talons, au pied du lit, à le regarder dormir. Il n'a pas sommeil.

Mathieu a les yeux ouverts, il sent les muscles de ses jambes prêts à se détendre pour bondir et empêcher Luc de s'envoler. Il finit par se coucher par terre devant la porte, enroulé dans la couverture à carreaux de Luc, pour lui barrer le passage.

Au matin, c'est encore la peur qui réveille Mathieu. Les ronflements de Luc le rassurent, il est toujours là. Mathieu a honte en se voyant couché par terre contre la porte aux pieds de Luc. Il quitte la chambre et rejoint Margot dans le grand lit. C'est l'heure du démon du matin.

Un jour, à leur retour du Maroc, Mathieu a dessiné un monstre poilu et jovial tenant une fourche entre ses petites pattes. Il l'a baptisé « le démon du matin » et l'a accroché à la cuisine. La veille, Margot lui avait demandé pourquoi, d'après lui, ils ne faisaient jamais l'amour le soir. Mathieu n'avait pas trouvé de réponse, il s'était enfermé dans un silence hostile et il était allé se coucher dans son lit. Le lendemain, il s'était levé de bonne heure, avait sorti ses encres de Chine et accroché sa réponse au-dessus de l'évier. Ainsi, tous les matins, en prenant de l'eau au robinet pour le thé ou le café, chacun d'eux rendait un petit hommage à leur saint patron.

Mathieu caresse longuement le dos de Margot puis il se pose de tout son poids sur elle et l'embrasse dans le cou en écartant ses cheveux. Margot grogne doucement et ils roulent sur le lit, fermement enlacés et immobiles, comme deux poids morts.

Luc les réveille en frappant à la porte de la chambre. Il veut savoir où se trouve le café. Ils sont tous les deux nus en travers du lit et Mathieu remonte le drap sur leurs corps.

Margot, Luc et Mathieu descendent le chemin jusqu'à la départementale qui a été déneigée. C'est là que le taxi doit passer les prendre, au carrefour de la route de Charcé. Ils avancent en file indienne, leurs sacs à l'épaule, enfonçant dans la neige à chaque pas. Margot ouvre la marche, Luc la suit et Mathieu arrive derrière. De temps en temps, il se retourne pour voir s'éloigner le noyer.

Le taxi est déjà arrêté au carrefour, en feux de détresse, à les attendre. Le chauffeur met les sacs dans le coffre. Chacun cogne ses chaussures contre la borne kilométrique et monte en voiture.

Dans le train, Luc reste debout dans le couloir à regarder défiler le paysage. Ses pensées se fixent un instant sur un détail du décor et glissent avec lui vers Paris.

Mathieu a décidé de donner sa chambre à Luc et de s'installer dans le lit de Margot. Luc détaille longuement les images au mur et les livres de la bibliothèque. Mathieu lui dit de se servir dans son placard à vêtements s'il veut se changer.

Luc réapparaît dans le seul costume que Mathieu possède, celui qu'il avait acheté pour le mariage d'un ami d'enfance dont il était le témoin. Il n'a pas pu lui emprunter de chaussures, Mathieu chaussant trop petit, et il a donc gardé ses brodequins en cuir sombre. Luc réclame du cirage pour faire disparaître les auréoles d'humidité sur le cuir. Dans cette tenue il a l'air d'un prince. Margot décide d'aller dîner dans un bon restaurant pour fêter l'arrivée de Luc à Paris.

Tard dans la nuit, Margot, Luc et Mathieu rentrent à l'appartement. Luc pousse la porte de la chambre de Mathieu et s'installe dans son lit. Mathieu s'enferme dans la salle de bains et plonge dans une baignoire d'eau tiède en feuilletant un magazine. Margot se met au lit avec un livre. Lorsque Mathieu la rejoint, en peignoir, il a les joues roses et lisses, rasées de près.

Mathieu laisse tomber son peignoir sur le parquet et il entre nu dans le lit de Margot. Pour la première fois, ils font l'amour le soir.

Dans la chambre voisine, Luc dort déjà ; les efforts de Margot et Mathieu pour ne pas faire de bruit sont inutiles.

Le serveur dépose enfin l'andouillette grillée d'Isabelle sur la table. Léon a presque fini sa paire de francforts. Louise, elle, plonge avec délices dans son bol de tripes. Isabelle a expliqué à François que Louise, depuis toute petite, aime manger ce qui est mou et gluant : tripes, cervelle, fraise et tête de veau…

« Le boucher est toujours ravi quand j'entre dans sa boutique. Tout ce qu'il n'arrive pas à vendre, je le lui prends pour ma fille. »

Léon a fini les grosses frites jaunes qui accompagnaient ses saucisses. Il se lèche les doigts et se tourne, par-dessus la balustrade en fer forgé du balcon, pour jeter un œil à l'orchestre. La femme qui chante tout le répertoire de Piaf vient d'attaquer l'*Hymne à l'amour*. Louise la regarde fascinée, la bouche légèrement ouverte. Elle a tous les gestes et aussi les grimaces de Piaf. Elle lance ses deux bras maigres droit devant elle comme un naufragé tente d'attraper une bouée, se couvre les joues de ses doigts tordus. On dirait que Louise a la chair de poule en l'écoutant. Léon, lui, prend un air narquois. Il s'appuie confortablement au dossier de sa chaise et pique quelques frites dans l'assiette de François.

Un solo d'accordéon laisse à la chanteuse le temps de boire un verre d'eau. Même couverte par les bruits de fourchettes, l'introduction des *Amants d'un jour,* sur laquelle l'accordéoniste est en train de broder, dresse le poil. François se souvient d'avoir vu la chanteuse à la télévision, invitée à une émission sur la réincarnation. Elle expliquait qu'Édith Piaf était descendue en elle un matin, s'était emparée de son corps et ne l'avait plus lâchée depuis. La petite robe noire, la croix catholique dans le décolleté, tout y est.

Ce matin, en se réveillant, François a proposé d'aller faire un tour aux Puces. Un débat s'est engagé entre Isabelle et ses enfants pour savoir si l'on irait plutôt à Montreuil, à Vanves ou à Saint-Ouen. Léon voulait trouver un blouson américain et Louise, des chaussures anglaises. L'autre soir, débarquant avec une bouteille de Laurent Perrier, François avait constaté qu'Isabelle n'avait pas de coupes à champagne et il voulait donc lui en offrir. Pour concilier les désirs de chacun, le choix s'est finalement porté sur Saint-Ouen.

Léon n'a pas trouvé son blouson, Louise a constaté que les chaussures importées de Londres dépassaient nettement son budget et François n'a pas osé contrarier les principes éducatifs d'Isabelle en offrant à Louise sa paire de Doc Martens. Finalement, Isabelle a décidé que ça leur ferait le plus grand bien à tous d'aller manger un morceau et elle les a emmenés dans ce petit restaurant qu'elle connaît bien.

Après le café, on se remet en route. On traîne devant chaque stand en demandant le prix de tout ce qu'on sait d'avance ne pas pouvoir s'offrir. Louise trouve des perles anciennes pour se faire un collier. Léon déniche enfin le stand qu'il cherchait depuis un bout de temps : un marchand spécialisé dans les pièces détachées de lampes et de circuits électriques anciens. Il a du câble de coton, des globes, des fils de plomb, des pendeloques de lustres, des boîtes de dérivation en porcelaine, des interrupteurs en Bakélite noire. Léon fouille dans les cases et trouve le tube en cuivre fileté et le domino en porcelaine qui lui permettront de réparer la lampe qu'Isabelle tient de sa grand-mère et qui ne fonctionne plus depuis des mois.

Après avoir dépassé le récupérateur de sanitaires anciens, Isabelle conduit François jusqu'au minuscule marché Jules-Vallès. L'impasse est envahie par une végétation de terrain vague. Les enfants s'arrêtent à l'entrée chez le vendeur d'horloges qui est toujours occupé à réparer des mécanismes compliqués. Quand ils étaient plus petits, ils pouvaient rester des heures à le regarder ajuster ses rouages. Isabelle les laissait là et elle revenait les chercher en fin d'après-midi.

Isabelle entraîne François vers un antre aveugle au fond de l'impasse. Quand on franchit la porte de la cabane en bois, il faut du temps pour que les yeux s'habituent à l'obscurité. Là, sur des étagères de fortune, s'étalent, couverts de poussière, toutes sortes de verres anciens. Isabelle et François cherchent longtemps les sœurs d'une coupe qui leur a plu. Ils finissent par en dénicher quatre qui semblent à peu près identiques.

Louise et Léon surgissent de chez le vendeur d'horloges. Léon traîne sa sœur par la main en riant. Elle le rattrape et le prend par le cou. Leur mère marche quelques pas derrière eux, accompagnée de François.

« Longtemps après le départ de leur père, je rêvais encore d'un troisième enfant. Et puis, ça m'a passé. Lui s'est remarié, il a deux jeunes enfants. Quand nous nous sommes séparés et qu'il est rentré en Espagne, j'espérais que les enfants iraient le voir souvent. J'avais tellement aimé l'Espagne, je voulais qu'ils grandissent un peu là-bas. Et puis, leur père a fait un beau mariage. L'agence de publicité qu'il dirige appartient à son beau-père. Ce qu'on appelle une grande famille, proche du roi, je crois. Les enfants du premier lit sont tolérés pour les vacances mais guère plus. »

François adresse à Isabelle un petit sourire crispé. Il a le sentiment que ce qu'il vient d'entendre ne le regarde pas. Il n'a lui-même pas dit un mot de Margot ou d'Odile à Isabelle. Cela crée un déséquilibre gênant mais le silence est depuis toujours ce qui lui convient le mieux. Tout en serrant contre lui le sac contenant les coupes en cristal, François entoure de son bras libre les épaules d'Isabelle.

Les enfants se sont engagés dans une nouvelle allée. Lorsqu'ils les rejoignent, Léon est en arrêt devant un petit poste de radio des années soixante. Il est en train d'essayer de convaincre sa sœur de mettre ses économies en commun avec les siennes pour l'acheter. C'est un modèle en plastique rouge, rond comme un bonbon acidulé. Le vendeur l'a descendu de l'étagère et il est en train d'y installer des piles pour lui montrer qu'il fonctionne. Il lui fait l'article. C'est un poste portable, la courroie en caoutchouc permet de l'emporter en pique-nique. Isabelle s'est approchée, le poste semble lui rappeler de vieux souvenirs. Ils sont là tous les trois, tels qu'ils sont apparus à François quelques semaines plus tôt, collés, indivisibles. Le vendeur a bloqué la fréquence sur Radio Monte-Carlo. Un rayon de soleil traverse la verrière entre deux nuages et vient éclairer Isabelle et ses enfants. Dans quelques jours, ce sera le printemps.

François demande au vendeur combien coûte la radio. Il ne discute pas le prix. Il sort de son portefeuille le nombre de billets demandés et les lui tend. Isabelle, Louise et Léon se retournent. Les deux enfants prennent un air distant pour l'embrasser chacun sur une joue. Isabelle a presque un air de reproche mais elle prend le poste par la courroie et le passe dans le creux de son coude comme un sac à main. Elle attire à elle François et l'attrape par la taille pour se remettre en route.

François est sorti chercher du champagne pour étrenner les coupes. Il a trouvé une épicerie ouverte à côté du Gibus, à la République. Il a aussi pris des chips au paprika et d'autres, au vinaigre, pour les enfants. Isabelle a lavé les coupes en les désinfectant d'abord à l'eau

de Javel. La radio a trouvé sa place, elle trône au milieu
du buffet de la cuisine. Les enfants sont dans leurs
chambres, ils finissent leurs devoirs.

François longe le canal Saint-Martin, il repense aux
bords de Loire au printemps. Bientôt, ce sera la saison
des fritures d'anguilles qu'on mange dans les guin-
guettes, les pieds dans l'eau, en buvant un petit blanc
local. C'était sa vie, il n'y a pas si longtemps mais ça lui
semble déjà très loin. Il serre dans sa main le goulot
glacé de la bouteille de champagne et appuie fermement
sur l'interphone avant d'avoir changé d'avis.

Après dîner, les enfants disent bonsoir rapidement,
laissant leur mère seule avec François. Il s'est assis dans
le canapé et elle est allongée, la tête sur ses cuisses.

La musique s'arrête et François suggère d'aller faire
un tour. La nuit est douce, bientôt la chaleur reviendra.
Isabelle et François longent le canal. Tout est calme, à
cette heure on n'entend que le bruit de l'eau qui coule
des écluses. Ils enjambent une barrière et vont se cacher
sous un pont, au bord de l'eau.

Ils sont assis sur les grosses pierres carrées du quai, les
pieds dans le vide, l'un contre l'autre. Isabelle murmure
à l'oreille de François.

« Tu vas rester avec nous ? Le temps que tu veux, je
ne te demande pas de me consacrer ta vie. Quelques
mois peut-être ? Je n'ai pas envie que tu partes maintenant. »

François ne répond pas, il l'embrasse. Il songe qu'il
n'a plus d'illusions sur la durée d'une histoire d'amour

et que, surtout, ça ne compte plus à ses yeux. Il est assis au bord du canal, contre Isabelle. À quelques mois ou quelques années de là, il sera peut-être de nouveau assis au même endroit, seul ou avec quelqu'un d'autre. Il n'en ressent aucune tristesse. Il se dit que l'important est d'avoir un endroit où l'on a plaisir à s'asseoir. Il doit y avoir le premier amour avec son lot d'illusions et après, tous les autres, où l'on a enfin appris à attraper ce qui se présente au moment où cela se présente, débarrassé de tout ce qui pèse. François regarde couler l'eau verte à ses pieds. Il n'emmènera pas Isabelle à Venise.

Margot se réveille dans le lit de Lucien. Dehors, il fait jour. La journée s'annonce ensoleillée, elle devra passer chez elle avant d'aller travailler pour troquer son tailleur en laine contre une robe plus légère. Dans cinq minutes, il sera temps de se lever. Dans l'immédiat, elle s'offre un court moment de paresse. Lucien dort encore, couché sur le côté, recroquevillé vers elle. La sonnerie du téléphone le réveille. C'est Ruth. Margot sort du lit, referme la porte de la chambre sans faire de bruit et se dirige vers la salle de bains.

En arrivant à l'appartement, Margot est surprise de trouver de la musique. Il est encore tôt, Luc et Mathieu sont rarement réveillés à cette heure. Dalida chante *Pour en arriver là.*

Margot entre dans le salon. Elle trouve Mathieu nu, roulé en boule au milieu de livres de photos tous

ouverts. Il pleure, la tête posée sur un portrait d'Ava
Gardner.

Margot s'accroupit près de lui et, doucement, l'attire
à elle pour le serrer dans ses bras.

« Luc est parti. Je suis rentré cette nuit, il avait disparu. J'étais tout seul, je ne savais pas où te trouver. »

Margot avise un sac en papier de boulanger avec
quelques mots griffonnés entre les taches de graisse
qu'ont laissées les croissants.

Il faut que je vous quitte. Je reviendrai un jour. Soyez
heureux. Luc.

À l'intérieur du sachet, il y a son double de clef.

Margot ferme un à un les albums de photos des stars
d'Hollywood et les glisse sous le canapé. Elle fait du café
et appelle le bureau pour prévenir qu'ils ne la verront
pas de la journée.

Margot parvient à relever Mathieu et à l'asseoir dans
un fauteuil. Elle troque Dalida contre Schubert. Elle ne
pleure pas, elle pense à François. Elle ne l'a pas prévenu
du retour de Luc. Ces dernières semaines, tous les
matins, elle s'est dit qu'elle allait l'appeler et les jours
ont passé sans qu'elle le fasse. Aujourd'hui que Luc a de
nouveau disparu, elle se sent moins coupable.

Margot est confiante, elle sait que Luc réapparaîtra.
Comment faire comprendre à Mathieu que, si Luc entre
dans leurs vies, c'est justement pour en sortir un jour ?

Mathieu parcourt les rues en tous sens, essayant de fendre la foule sur son vélo. Tous les ans, c'est la même chose, comme si la fête de la Musique avait été inventée exprès pour qu'il aille mal et qu'il en soit un peu plus conscient que d'habitude puisque, ce soir-là, tout le monde autour de lui est bien décidé à s'amuser.

Tous les ans, Mathieu évite de faire des projets pour la fête de la Musique se disant qu'il sera plus amusant d'improviser au hasard des deux roues de son vélo. Il a une immense capacité à oublier les ratages, et tous les mauvais souvenirs en général. D'une année sur l'autre, il oublie comment se déroule, régulièrement, la nuit du 21 juin. Finalement, tous les ans, il se retrouve seul sur son vélo avec, pile ce jour-là, des tas de raisons d'aller mal.

Ses amis préfèrent s'économiser. Ils restent enfermés chez eux à écouter des opéras de Mozart au casque pour ne pas percevoir l'agitation du dehors. Stores tirés, fenêtres ouvertes, ils savourent des sandwichs-club commandés par téléphone si, par chance, les motocyclistes de chez Hédiard sont parvenus à se frayer un chemin jusqu'à leur résidence. Ils sont affalés sur des draps de lin frais, dans le moelleux de leur couette en duvet d'oie, et deux écouteurs monopolisent leurs oreilles pour les couper du monde. Pour protéger leur tour d'ivoire, leur téléphone est bloqué sur la position répondeur. Impossible de les joindre.

Mathieu, lui, est au milieu de la foule. Il aime ces fêtes, la marée humaine qui bloque les rues, le bruit, l'agitation un peu stérile. Plusieurs visages lui paraissent sympathiques. S'il s'en sentait la force, il tenterait d'engager la conversation avec ces gens. Mathieu ne participe pas à la fête mais il est content de cet air de liberté qui souffle sur Paris. Il se sent malheureux mais il lui est impossible d'ignorer l'air heureux de ceux qu'il croise. Il bute dessus à chaque carrefour. Cela n'atténue pas son chagrin mais l'allège. Ce n'est pas un soir à sombrer dans le pathétique.

Lorsque Mathieu trouve enfin une rue dégagée, il appuie fort sur les pédales. Le petit bruit de frottement de la dynamo devient plus aigu, la vitesse soulage sa mélancolie. C'est le mot qui s'impose à lui, *mélancolie*. Mathieu se souvient, à l'école primaire il était toujours le plus fort en vocabulaire. Cela lui donnait une impression de force qui compensait les raclées qu'il prenait à la récréation. Mathieu était persuadé que s'il était capable de trouver le mot juste pour chaque chose ou chaque idée, le monde lui appartiendrait. Il y avait le jeu des synonymes. Cela, Mathieu n'y avait jamais vraiment cru. Il faisait les exercices très facilement, se prêtait au jeu mais il demeurait persuadé que plusieurs mots ne pouvaient pas servir à dire la même chose. Lorsqu'on arrivait à *tristesse*, il fallait égrener *chagrin, peine, affliction* et *mélancolie*. Le sens de mélancolie lui avait toujours échappé et, ce soir, il lui apparaît, clair et net. C'est un sentiment qui ne requiert aucune vigilance particulière à soi-même, il est là tranquillement installé et disparaît tout seul lorsque son heure est venue. Ce serait comme devenir un grand garçon, savoir rester sur le seuil de sa propre perception juste avant le pas qui fait basculer du côté de la douleur, celle qui fait se rouler par terre. C'est sans doute pour cela que le petit garçon qu'était Mathieu ne comprenait pas le sens de ce mot.

Mathieu arrive à Belleville. En haut d'une côte, à droite, les roues retrouvent toutes seules une rue qu'elles connaissent bien. Des gosses passent avec des boîtes de bière dans des seaux pleins de glace. Mathieu tend une pièce à l'un des garçons. En échange il pose dans sa main une boîte en tôle glacée. Le café est là, peint en orange. Ce soir tout se passe à l'extérieur, personne au bar. Une estrade a été dressée sur le trottoir. Les groupes ne sont pas excellents mais les spectateurs s'en moquent, ils sont venus pour la convivialité.

Mathieu abandonne son vélo contre la palissade d'un immeuble en démolition et entre dans le bar. Au comptoir, il s'assied sur un tabouret et commande un demi. Le jeune homme qui le sert est plus âgé que Luc. Il a l'air d'avoir les pieds sur terre, les consommations à peine versées dans les verres, il les encaisse. Il est adossé au mur de bouteilles en attendant tranquillement le prochain client. Son regard ne s'échappe nulle part. Luc a vraiment disparu d'ici comme d'ailleurs. Le patron salue Mathieu de loin. Pour la première fois depuis la disparition de Luc, il ne vient pas lui demander s'il a donné signe de vie. Pour tout le monde, la page est tournée, il ne reviendra plus. Mathieu croit entendre Margot.

« Pourquoi avais-tu besoin de retourner dans le bar où travaillait Luc ? Tu tiens absolument à te faire du mal ? »

Bientôt, il n'aura plus la tentation de revenir ici. Cette proposition de travail en Bretagne est arrivée au bon moment.

Arrivé place de la Bastille, Mathieu sent que demain tout ira bien. Tout à l'heure, il rentrera se coucher. Il s'allongera et, quelques instants plus tard, il dormira. Ses muscles chauffés par l'effort se détendront au creux du matelas. Lorsqu'il se réveillera, il fera jour, et le simple dosage du lait dans son thé suffira à le rendre heureux quelques minutes.

Mathieu attache son vélo dans la cour de l'immeuble. Il pousse la porte de l'appartement vide et ouvre toutes les fenêtres en grand. Au premier plan sonore, les feuilles des arbres de la cour, au-delà, des bruits lointains de musique, des klaxons, des cris, des applaudissements. Tous les sons en se mélangeant forment une rumeur confuse. Dans quelques jours, en ouvrant sa fenêtre sur le port, il entendra le bruit des cordages sur les mâts métalliques des bateaux de plaisance. L'hôtel est au bord du quai. C'est la position idéale pour quelqu'un qui a toujours rêvé de partir et qui n'a jamais réussi à se décider. Tous les matins, il verra partir les autres. Et l'après-midi, après le service, il entendra les sirènes des bateaux qui rentrent au port.

Mathieu trouve des bières au réfrigérateur. Il ne savait même pas qu'elles étaient là, au frais, dans le bac à légumes. Il se dit que Margot a dû recevoir un homme récemment pour qu'elle ait acheté de la bière, elle qui n'en boit jamais. Pour éviter de laver un verre, Mathieu boit à même la boîte en fer. Il s'assied dans le canapé et pioche dans le tas de courrier qui attend le retour de Margot. Au milieu des lettres administratives, Mathieu repère une enveloppe *Air mail* qui vient des États-Unis. Le cachet sur le timbre indique la ville d'origine : New York.

Mathieu comprend que Margot lui manque. C'est à elle qu'il voudrait parler. C'est contre elle qu'il voudrait dormir cette nuit. Même s'il ne veut pas y penser, Mathieu se dit que, bientôt, ils seront séparés. Margot habitera seule l'appartement et lui sera loin d'elle, en Bretagne. La solitude est le prix à payer pour changer de vie, un prix qui lui semble tout à coup très lourd mais il ne peut plus reculer. Sa décision est prise, il doit partir.

Margot ne sera pas rentrée de vacances avant trois ou quatre jours, cela dépend essentiellement du programme de Lucien la semaine prochaine. S'il doit être à l'étranger lundi, ils rentreront probablement dimanche, sinon, on ne peut pas savoir. D'ici là, Mathieu aura fait le ménage, acheté des fleurs et rempli le réfrigérateur pour montrer à Margot qu'il l'attendait.

Mathieu décide de dormir dans le lit de Margot. Il se déshabille et se glisse entre les draps imprégnés d'une odeur féminine. Il pose son cou sur le gros oreiller flasque. Il se sent à l'abri comme dans un lit d'enfant.

Les premiers rayons du soleil réveillent Margot en tombant tout droit sur l'oreiller. Elle ouvre les yeux et constate la position inhabituelle de son corps, posé sur le dos comme sur un autel, la poitrine ouverte à la lumière. À côté d'elle, Lucien soulève lourdement les côtes en respirant. Margot appuie ses pieds dans le matelas pour glisser hors du lit en faisant bouger le sommier le moins possible. Debout au pied du lit, elle se retourne et contemple le sommeil de Lucien que sa sortie n'a pas perturbé, les murs de la chambre, le crucifix au-dessus du lit, l'armoire sombre. Margot passe une main distraite sur son pubis et trouve ses poils doux et accueillants, tièdes contre sa paume. Elle constate que depuis une semaine, elle pense à son corps avec plaisir, elle aime le regarder dans la glace.

En faisant chauffer l'eau du thé, Margot pense à la grand-mère de Lucien. Ils sont dans sa maison depuis une semaine et Margot se sent déjà une grande familiarité avec cette femme, morte il y a plusieurs années. La maison tombe un peu en morceaux, Lucien et ses frères et sœurs n'ayant pas trouvé un terrain d'entente quant aux travaux à effectuer en priorité. Du coup, rien n'a changé. On croirait que la grand-mère de Lucien est sortie faire un tour et qu'elle va rentrer d'un moment à l'autre, les bras chargés de légumes et de fruits. Margot tient son bol avec ses deux mains comme lorsqu'elle était petite fille et elle se retrouve naturellement devant la chambre de la grand-mère. La porte est ouverte. Margot colle son corps contre le chambranle et elle regarde le dessus-de-lit impeccablement tiré, le gros oreiller gonflé d'où a disparu la foulure de la tête ridée qui y reposait le matin. Margot s'avance et elle s'assied au bord du lit, face au miroir de la coiffeuse. Le motif crocheté du dessus-de-lit lui chatouille la peau des fesses.

Margot pense maintenant à sa propre grand-mère. Qu'aurait-elle dit de son histoire avec Lucien ? Un homme marié, ma fille, ça ne t'apportera que des malheurs. Sa grand-mère n'a même pas connu François, elle est morte trop tôt. Mais, plus que François, Lucien a la tête d'un mari comme en rêvent les grand-mères. Il n'est pas le seul, mais il est là. Ce soir, Mathieu l'attendra chez eux. Lui a plutôt la tête d'un frère, celui que ses parents ne lui ont jamais donné. Margot se dit que la vie s'est nettement compliquée le jour où elle a cessé d'aller en vacances chez sa grand-mère, mais elle a aujourd'hui le sentiment d'avoir choisi des complications à sa mesure. À moins que ce ne soit elle qui ait étalonné ses mesures aux complications de sa vie. Cette idée la fait sourire. Elle ramasse son bol vide sur le carrelage et sort de la chambre.

Margot dépasse le gros chêne, à mi-pente de la colline et elle s'assied quelques instants sur un mur de pierres sèches. Toute la semaine, Lucien l'a entraînée sur les sentiers de son enfance autour de la maison. Il n'en finissait pas de dénombrer les arbres qui ont disparu, les maisons qui se sont effondrées, les champs qui sont revenus à la friche. À chaque carrefour, quelque chose avait changé, comme si l'enfance de Lucien n'en finissait pas de s'effriter. Ce matin elle a décidé de monter seule à l'ermitage.

Au-delà du chêne, à flanc de coteau, la bergerie où Lucien retrouvait sa cousine a perdu son toit. Les tuiles sont restées solidaires lorsque la charpente s'est effondrée, elles forment un pli, comme une couverture confortable. En voyant cette bergerie abandonnée, Margot repense à Luc.

Après sa disparition, Mathieu a dormi avec elle toutes les nuits pendant quelques semaines. Un jour pourtant, peu de temps avant qu'elle vienne ici, chacun a regagné sa chambre.

Margot reprend sa marche. Le soleil a séché la rosée et l'odeur de la terre parvient maintenant à ses narines. L'herbe craque sous ses pas. Ce soir, ils seront partis. Ils quitteront la maison juste avant de s'être lassés, juste avant d'être devenus paresseux au point de ne pas se relever de son fauteuil pour aller embrasser l'autre dans le cou. Margot poussera la porte de l'appartement et Mathieu l'attendra. Il y aura un bouquet de fleurs dans sa chambre et dans la cuisine, des provisions pour le dîner. Ils mangeront par terre, assis en tailleur sur le tapis.

L'ermitage se découpe bien net sur le ciel. Du haut de son rocher, il a l'air solennel. Pourtant, il manque quelques tuiles au toit, la chaîne de la cloche est cassée et la porte ne ferme plus. À l'intérieur, Margot pose ses mains sur le plâtre sale des murs. Des feuilles mortes se sont amassées dans les coins, un rameau de buis fané est posé sur l'autel au milieu de ses feuilles séchées qui se sont répandues en flaque. Margot monte sur l'autel et passe la tête dans la petite ouverture de l'abside. Le causse s'étend au pied du promontoire. Lucien lui a raconté que lorsqu'il se fiançait avec une petite fille, ils escaladaient tous les deux l'autel, passaient leurs têtes dans l'ouverture et contemplaient la campagne à l'infini en essayant d'imaginer l'avenir qui les attendait. Margot repère la maison où Lucien dort encore.

À la descente, Margot court sur le sentier. Elle s'interdit un détour du côté de la ruine envahie de framboisiers. Lucien va se réveiller et il s'inquiétera de ne pas la trouver. Elle n'a même pas pensé à mettre un mot sur la table.

La cuisine est vide, aucune trace de vie. Margot monte à la chambre et elle trouve Lucien endormi dans la position où elle l'avait laissé. Sa cuisse repliée cherche toujours ses hanches. Margot s'assied sur le lit. La respiration calme de Lucien l'aide à retrouver son souffle. Elle avance la main pour caresser le haut de ses épaules et sa nuque. Lucien se retourne, ses cuisses s'ouvrent pour découvrir son érection. Il ouvre les yeux et sourit. Margot scrute le bas de son visage. Lucien ouvre deux fois la bouche en arrondissant les lèvres. C'est le mouvement que Margot guette chaque fois qu'elle regarde Lucien s'éveiller. Elle a une certitude, c'est pour ce détail qu'elle l'aime.

New York, début d'été.

Margot,

Aujourd'hui, le soleil est très haut dans le ciel. Je suis installé au pied du Village sur une vieille digue qui n'en finit pas de s'écrouler dans l'Hudson. Ses poteaux en bois pourrissent méthodiquement et, lorsqu'ils ne supportent plus le poids du béton, la surface plate de la digue se tord en une longue spirale aux courbes douces. Je suis allongé torse nu sur mon blouson. Tout autour de moi, des gens sont installés avec des livres, des sandwichs, des boissons. Les poubelles débordent de boîtes de bière vides. Il y a un tas de vélos contre le grillage rouillé. Des ghetto-blasters diffusent des chansons de Diana Ross. Personne ne me parle, personne ne me regarde. Depuis mon arrivée, je viens ici tous les jours parce que je m'y sens bien. C'est ici que je regarde tomber la nuit.

Tu te souviens de cette chanson que nous avons écoutée dans la voiture en revenant du Mont-Saint-Michel ? Ça disait « les mots des pauvres gens, ne rentre pas trop tard, surtout ne prends pas froid... »

Ne prends pas froid, Margot.

Luc

L'appartement est encombré de sacs et de valises. Mathieu a passé la journée à vider sa chambre de tout ce qu'il voulait emporter. Le reste, il le confie à Margot.

Depuis que Mathieu a démissionné du journal, il a occupé tout son temps à préparer son départ. Margot, elle, s'est immergée dans le travail et ils se sont croisés de plus en plus rarement. Ils ont eu peu de moments pour parler.

Après le départ de Luc, Mathieu s'est enfoncé dans une morosité d'où Margot n'est pas parvenue à l'extraire. Elle a pourtant essayé de le sortir, elle l'a emmené au cinéma, ils sont allés danser. Un jour, entre deux portes, il lui a annoncé qu'il partait en Bretagne et qu'il lui confiait l'appartement. Un ami l'avait appelé pour lui proposer de venir travailler avec lui dans un hôtel qu'il venait de reprendre. Depuis ce jour, Mathieu a réglé ses affaires en silence.

Lucien avait proposé à Margot d'aller à un concert mais elle a décliné l'invitation, réservant sa soirée pour Mathieu. En sortant tard du bureau, elle a acheté du champagne pour donner un peu de légèreté à leurs adieux. Lorsqu'elle pénètre dans l'appartement, Mathieu finit d'emballer des tableaux qui décoreront les murs de sa chambre, là-bas.

Les coupes de champagne semblent peser une tonne. Margot et Mathieu boivent à leurs retrouvailles futures. Elle promet de venir le voir en Bretagne. Il lui dit que l'hiver prochain, il passera peut-être quelques mois à Paris.

« Tu m'as dit que tu partais rejoindre un ami… Je le connais ?

— Non, ça fait longtemps que je ne l'avais pas vu. C'est un ami du frère de Maxime. Il s'occupait d'un club de plongée en Guadeloupe. Il a repris cette affaire en Bretagne il y a trois mois.

— Un ami, ça veut dire ?

— Hétérosexuel.

— Et alors, tu es amoureux de lui ?

— Évidemment, puisqu'il est inaccessible.

— Tu vas coucher avec lui ?

— Bien sûr que non. Il sait que je suis amoureux de lui et il va en profiter pour me faire faire le ravitaillement et le balayage de la terrasse, le nettoyage des pétoncles et relever en pleine nuit pour les arrivées tardives de clients.

— Et tu vas le faire ?

— Oui.

— Pourquoi ?

— À ton avis ?

— Parce que tu es amoureux de lui.

— Pas du tout. Je le ferai pour tenter, une fois de plus, de me faire pardonner d'être comme je suis.

— Et ça cessera un jour ?

— Le jour où je réussirai à aimer qui je suis.

— Tu me promets de me donner de tes nouvelles avant ? »

Mathieu baisse les yeux. Il prend la main de Margot comme un petit garçon.

La table est déjà mise, Mathieu s'est occupé du dîner. Comme toujours, c'est délicieux. Margot, qui n'a pas pris le temps de manger à midi, se jette sur la nourriture. Mathieu est ravi que sa cuisine plaise.

Margot se dit que les dîners de Mathieu vont lui manquer. Elle a presque honte que ce soit la première chose qui lui vienne à l'esprit en pensant à son absence. Mais cette délicatesse des mélanges de saveurs parle bien de lui.

En débarrassant la table, Margot se dit que demain, après le départ de Mathieu, c'est elle qui fera la vaisselle de leur dîner. Elle sait déjà que ce sera un moment très triste.

Mathieu fait couler un bain et Margot s'y plonge avec lui. Ils restent longtemps face à face dans l'eau tiède, les jambes emmêlées. Avec l'eau, la pilosité de Mathieu paraît plus foncée. Ils n'ont pas mis de savon dans la baignoire, l'eau limpide laisse apparaître leurs deux corps.

Mathieu et Margot sortent de l'eau. Ils ne prennent pas le temps de se sécher, leurs peaux mouillées se cherchent, leurs corps glissent l'un sur l'autre.

Mathieu prend Margot par la main et il l'entraîne vers sa chambre. Les murs sont nus. Il ne reste au milieu de la pièce vide que le lit, comme un ring de boxe. Ils se caressent longuement comme deux jeunes fauves qui jouent dans la savane. C'est la dernière fois qu'ils font l'amour avant longtemps, ils ont toute la nuit devant eux.

Mathieu prend une douche rapide en se réveillant et déjà, c'est l'heure de descendre. Margot enfile un jean et un vieux tee-shirt informe pour l'accompagner. À eux deux, ils peuvent descendre les bagages en un seul voyage. Ils laissent le chauffeur de taxi charger le coffre et échangent encore deux ou trois mots sans importance.

Le chauffeur s'installe au volant. C'est le signal du départ.

Mathieu se blottit dans les bras de Margot. Elle le serre contre sa poitrine, pose un instant sa tête au creux de son épaule. Et puis leur étreinte se relâche, Mathieu monte en voiture et claque la portière.

Le taxi démarre en direction de Montparnasse et Margot reste debout au milieu de la rue à le regarder s'éloigner. Mathieu semble lui dire quelque chose à travers la vitre arrière. Margot voit remuer ses lèvres mais elle ne comprend pas ce qu'il veut lui dire.

La voiture disparaît au coin de la rue. Margot n'a ni veste ni gilet dont elle puisse ramener les pans sur elle. Alors elle met les mains dans ses poches et remonte faire la vaisselle de la veille en traînant les pieds.

Avant de partir travailler, elle fera une lessive avec les draps et le peignoir de Mathieu. Le plus tôt sera le mieux.

Margot et Lucien marchent le long du quai en regardant les bateaux. Des vélos les dépassent en se signalant d'un coup de sonnette. Ils portent tous la même inscription sur le cadre : « À la petite reine, location de vélos ».

L'hôtel est tout au bout de la jetée, face au phare. Mathieu avait raison quand il disait qu'on ne pouvait pas le rater. C'est une construction début de siècle, toute blanche. Margot s'est imaginé que Mathieu s'occupera d'eux dès qu'ils franchiront la porte et elle décide de s'arrêter avant dans un bar de pêcheurs pour boire un café. Le prétexte est de passer encore un moment seule avec Lucien. La vérité est qu'elle appréhende la rencontre de Mathieu et de Lucien, et aussi qu'elle se demande dans quel état d'esprit sera son ami. Vont-ils instantanément retrouver cette intimité qu'ils avaient mis du temps à cultiver ou y aura-t-il entre eux une distance nouvelle qui oblige à repartir de zéro ? Et si c'est le cas, auront-ils le courage et l'envie de refaire ce chemin l'un vers l'autre ?

Margot agite l'écume de son café avec la pointe de sa

cuillère. Le soleil commence à se montrer entre les petits nuages ronds et blancs au-dessus du port. Elle retire son gilet et sort ses lunettes noires. Lucien est appuyé à la balustrade de la terrasse, absorbé dans la contemplation des bateaux. Il regarde des pêcheurs réparer un moteur et il refuse de quitter le café tant que le bateau n'aura pas réussi à démarrer. Après quelques hoquets, la mécanique se décide à tourner. En s'élevant dans les airs, l'odeur du diesel arrive droit sur leur table. C'est le signal du départ.

À la réception, ils sonnent plusieurs fois, sans succès. Au moment où Lucien commence à s'impatienter, le grand blond qu'ils avaient vu en arrivant, confortablement installé sur les marches, fumant un petit cigarillo au soleil, se décide à venir vers eux. Ses cheveux sont très clairs, ce qui rend son regard bleu encore plus turquoise. Il porte une chemise hawaiienne et des espadrilles fatiguées.

Margot se fait connaître et l'homme lui explique que Mathieu lui a demandé de leur faire un prix. Comme son affaire vient de démarrer, il ne peut pas se permettre de leur faire plus de dix pour cent de réduction. Margot se demande si elle doit remercier mais Lucien intervient pour dire qu'ils préfèrent payer plein tarif.

Les laissant se débrouiller avec leurs sacs, l'homme les accompagne à leur chambre.

« Mathieu est occupé à cette heure-là. Vous le verrez ce midi, à l'heure du déjeuner, il sera à la salle à manger. »

Margot a du mal à masquer sa déception. Le blond

qui réduit Mathieu en esclavage ne lui était *a priori* pas très sympathique et il n'est pas en train d'arranger son cas. Lucien, occupé à admirer la vue, ne semble pas avoir remarqué son air contrarié.

Les chambres n'ont pas été refaites depuis longtemps, ce qui contribue largement à leur charme. Le vieux papier peint jauni fait ressembler leur mansarde à un décor de film d'avant-guerre. Un chien-assis ouvre sur le port. Lucien est debout devant la fenêtre, Margot s'assied sur le lit pour le regarder. Il est grand et massif en contre-jour, rassurant. Elle se lève et attrape ses épaules. Ils restent un bon moment l'un contre l'autre à regarder les bateaux entrer et sortir du port.

Lucien marche devant, Margot le suit sur le sentier côtier. Au pied de la falaise, la mer est verte, parfois troublée d'écume blanche si elle rencontre un rocher. Le vent fait frissonner les bruyères sur la lande. Margot se demande ce que peut faire Mathieu à l'heure où elle se promène avec Lucien en direction de la pointe des Poulains. Est-il en cuisine, prépare-t-il les tables ? Elle a le sentiment désagréable d'être une petite fille punie qui doit encore attendre pour revoir sa famille. Leur train a eu du retard, ils ont dû partir d'urgence pour la maternité, papa a été retardé à son travail, il faut être patiente.

Margot court sur le chemin pour rejoindre Lucien. Elle lui prend la main et la tient fermement. Sur le sentier étroit, on ne peut pas être deux de front. Margot passe devant Lucien et l'entraîne jusqu'à un creux herbeux, à côté d'une source envahie de prêles. Ils s'allongent côte à côte en regardant le ciel.

À la salle à manger, Mathieu a des allures de maître d'hôtel. Il porte un blazer bleu marine qui mange complètement sa silhouette. Margot s'approche de lui pour le prendre dans ses bras. Mathieu lui sourit, pose une main sur son épaule pour la tenir à une distance respectable et l'embrasse froidement sur les deux joues.

« Tu me présentes ton ami ? »

Margot, furieuse, présente Lucien en marmonnant entre ses dents. Ils se saluent courtoisement, et Lucien a la présence d'esprit de dire à Mathieu qu'il est très heureux de le rencontrer.

« La chambre vous convient ? Vous verrez, c'est très calme. Pour midi, je vous ai préparé une petite table tranquille avec vue sur le port. »

Margot est de mauvaise humeur pendant tout le repas. La vue sur le port commence à la fatiguer. On sait qu'on est en Bretagne, ce n'est pas la peine de le rappeler toutes les cinq minutes. De toute façon, où qu'on aille, on a vue sur le port. Et d'ailleurs, ce port, elle se demande bien ce qu'on lui trouve. D'accord c'est joli, mais il ne faut rien exagérer. Quant au calme et à la tranquillité, si ça ne les dérange pas, elle commencera à y songer lorsqu'elle aura soixante-dix ans.

Lorsque Mathieu vient leur demander, en se frottant les mains d'un air cauteleux, si tout va bien, Margot est tentée de lui verser le contenu de la carafe sur la tête. Elle pense même sérieusement à le faire. Il faut absolument réveiller Mathieu et l'obliger à sortir de son rôle de loufiat. Ça risque de le faire rire, lui qui aime les batailles de boules de neige. Un instant, Margot se voit en petite culotte sur la terrasse, avec Mathieu, en train de se lancer des baquets d'eau glacée. Mais, repensant au maton qui les observe derrière le bar, Margot abandonne son projet et décide de laisser Mathieu tranquille. Elle le regarde s'éloigner d'un air compassé vers les cuisines, donnant au passage un ordre à la petite jeune fille en tablier blanc qui s'occupe d'eux. Elle s'approche de leur table avec un seau à glace dans lequel flotte une bouteille de sancerre. Margot fait une moue dégoûtée lorsque la jeune fille annonce avec un sourire lumineux que c'est un cadeau de la maison.

Après s'être perdu dans la contemplation du port qu'il trouve si joli, Lucien ne peut plus ignorer la mauvaise humeur de Margot. Il lui prend la main et lui sourit gentiment pour l'inciter à en faire autant. Autant de patience exaspère Margot. À la place de Lucien, elle aurait déjà donné une gifle à l'adolescente furieuse qui déjeune face à lui. Cette pensée la rend plus agressive encore. Elle retire sa main violemment et prétend que le vin est bouchonné. Lucien, qui s'y connaît, lui assure qu'elle se trompe. Elle se lève de table et va faire un tour du côté des bateaux. Lorsqu'elle revient, Lucien en est au café. Margot a les yeux rouges, elle s'approche de Lucien et l'embrasse tendrement dans le cou.

Le blond en chemise à fleurs fait un signe à Mathieu. Il s'approche de lui et se voit confier quatre verres à liqueur et une bouteille de digestif. Mathieu s'installe à la table de Lucien et Margot. Il propose de trinquer à leurs vacances. Margot qui aurait nettement préféré célébrer leurs retrouvailles prend un air absent. C'est Lucien qui entretient la conversation. Mathieu a appris à parler du temps qu'il fait et des coutumes locales. Margot n'en croit pas ses oreilles.

Le blond ne tarde pas à s'incruster à leur table. Le quatrième verre lui était destiné. Évidemment, il veut savoir ce qu'ils font à Paris et prétend, l'imbécile, que Mathieu lui a beaucoup parlé d'eux. C'est la première fois que Mathieu rencontre Lucien et, il y a deux jours, il ne connaissait même pas son prénom… Margot parvient pourtant à rester calme. Lucien est parfait, il répond aux questions pour deux, donne des détails et puis, son verre terminé, il a un coup de génie.

Il s'adresse directement au blond pour dire que Mathieu a sûrement du temps libre l'après-midi, après le service, pour aller se promener avec eux et leur montrer un peu l'île. Il y a dans sa voix une telle détermination, une telle évidence, que le blond, qui avait sans doute prévu un programme de servitude assez copieux pour Mathieu, balbutie trois sons inaudibles avant de dire :

« Bien sûr, jusqu'à dix-huit heures, il est libre. »

Le blond disparaît rapidement et Mathieu monte se changer. Margot regarde Lucien avec tendresse. Il lui annonce qu'il va se louer un vélo pour l'après-midi et qu'ils se retrouveront pour le dîner. Il l'embrasse et disparaît.

Mathieu revient tel que Margot l'a connu, avec ses vêtements trop grands et délavés. Ils montent dans sa vieille 2 CV et Mathieu roule la capote. Il démarre et commence à lui vanter les rochers et les criques comme un guide touristique. Margot garde la tête obstinément tournée vers sa vitre et puis, elle se décide à poser une main sur la cuisse nue de Mathieu. Elle sent la chaleur de sa peau et ce contact la rassure. Elle caresse sa cuisse jusqu'à l'ouverture du short et se retourne pour chercher le regard de Mathieu. Il s'est détendu, il la regarde en souriant. Il attrape la main de Margot et la porte à ses lèvres. Il garde sa main dans la sienne et lui dit qu'il est content de la voir.

Mathieu s'est arrêté tout près de la falaise, au milieu des bruyères. Par une piste abrupte connue de lui seul, il fait descendre Margot jusqu'à une petite crique de sable jaune. Le bruit régulier des vagues résonne contre les rochers tout autour d'eux. Mathieu se déshabille et court jusqu'à l'eau transparente. Dès que ses jambes pénètrent dans la mer, il s'immobilise, pétrifié par le froid. Margot arrive derrière lui et ils restent face à face, avec de l'eau jusqu'à mi-cuisse sans trouver le courage d'avancer.

C'est Margot qui, la première, se baisse pour envoyer sur Mathieu une giclée d'eau glacée. Il pousse un cri puis riposte. Et ils réinventent les gestes de l'enfance qu'ils n'ont pas partagée. Leurs cris de joie résonnent dans la crique déserte. Ils finissent par rouler l'un contre l'autre dans l'eau.

Mathieu part vers le large en crawl et Margot le suit en brasse. Il est déjà loin devant elle, perdu au milieu de la masse verte de l'eau. Il atteint le gros rocher noir qui fait face à la crique et il s'y hisse. Margot s'arrête un instant et elle le regarde, debout sur le rocher, nu au milieu de la mer.

Lorsque Margot accoste, Mathieu lui tend la main pour l'aider à grimper sur le rocher. Ils se serrent l'un contre l'autre.

Margot regarde par-dessus l'épaule de Mathieu et évalue la distance qu'il lui a fallu parcourir depuis le rivage pour le rattraper. Elle se demande si dans vingt ans elle aura encore le souffle nécessaire pour nager jusque-là.

Il fait très chaud à Paris cette année. Je roule toutes vitres ouvertes. Il est tard, je rentre de dîner chez des amis qui m'ont invité, sachant que je suis encore en plein déménagement et que je ne peux pas me faire à manger.

Ma pièce a connu un grand succès l'an dernier, ce qui m'a permis de déménager, une fois encore, pour un appartement plus grand. C'est une sorte de pigeonnier mansardé qui ressemble à un bateau, sous les toits. Le déménagement date d'hier mais je n'ai pas encore eu le courage de déballer les cartons. J'ai seulement installé mon lit dans la chambre vide. Ailleurs, les cartons empêchent de circuler. J'ai passé l'après-midi à lire, tranquillement affalé sur ma méridienne. Le brocanteur chez qui je l'ai dénichée me l'a livrée ce matin et, déjà, je pressens que ce meuble va changer ma vie. Je vais pouvoir y passer des heures, entouré de piles de livres et de magazines. J'ai poussé les cartons pour l'installer en travers du salon, devant une fenêtre. Je m'y sens comme sur un radeau.

Perdu dans mes pensées, je viens de rater la rue qui mène à mon garage. Je suis maintenant obligé, à cause du dédale de sens interdits, de refaire un immense tour. Il y a un bar que je connais, pas loin. Je trouve à me garer pratiquement devant et je me dis que c'est un signe. De toute façon, avec la chaleur, je n'arriverai pas à dormir. J'entre, je commande une bière au bar et je vais m'installer sur un tabouret dans un coin. Il n'y a presque plus personne ; dans une demi-heure, le bar fermera ses portes. C'est la dernière ligne droite pour les dragueurs, l'heure ou jamais de trouver quelqu'un avec qui rentrer. Les échanges se font plus intenses, on sent l'urgence. J'observe tout cela avec un sourire lointain. Je pense à ma méridienne et à la pile de livres qui m'attendent.

Et puis, surgissant de l'escalier qui descend des toilettes, il m'apparaît. Il se plante devant moi, immobile. Ses yeux brillent comme ceux d'un chat. Sa peau foncée a des reflets dorés. Il y a dans son visage et dans tout son corps quelque chose qui empêche de détourner le regard. Il s'approche de moi et m'embrasse sur la joue droite, juste au-dessous de l'œil. Je penche la tête et l'embrasse dans le cou. Sa peau a un goût salé et une odeur d'ambre.

Nous n'avons pas le temps de nous parler, le patron accroche ses volets sur la vitrine et chasse tout le monde. Chacun avale le fond de son verre en vitesse et nous nous retrouvons sur le trottoir dans la lumière des réverbères. Il est face à moi et me sourit avec un visage d'enfant. C'est impossible de lui donner un âge précis, mais en tout cas il est très jeune. Son visage vient d'ailleurs, quelque part où l'Afrique et l'Inde se seraient rencontrées. Fermement enlacés, nous avançons, en manquant de trébucher à chaque pas, jusqu'à ma voiture.

En remontant la pente en ciment du parking souterrain, je lui dis que je ne connais même pas son nom.
Depuis que nous nous sommes croisés, nous n'avons pas
échangé plus de dix mots.

« Je m'appelle Luc. »

Il me suit jusqu'au cinquième étage et nous nous
frayons un passage à travers les cartons jusqu'à la méridienne. Il retire sa chemise. Ses muscles sont longs et fins,
ses articulations saillantes. Nous roulons sur la tapisserie
usée de la banquette. Nous portons le même slip en
coton blanc. Je me demande si tout à l'heure, ou demain,
chacun retrouvera le sien ou si nous les aurons échangés.

Luc s'est endormi en travers du lit, à plat ventre, les
pieds sur l'oreiller, un bras replié sous son menton. Je
contemple la ligne interminable de son dos, ses fesses
accrochées très haut. Avant qu'il s'endorme, j'ai dit à Luc
que je voulais qu'il reste un peu avec moi. Il m'a répondu
qu'il n'était toujours que de passage. Il est arrivé ce matin
même de New York, il ne sait pas où il sera demain.

Je me lève et je donne un tour de clef à la porte d'entrée. Puis, je cache le trousseau entre deux revues, sous
la méridienne. Dans un carton que j'ai eu le courage
d'ouvrir, je trouve un bloc et des crayons. Je retourne à
la chambre et je dessine Luc endormi. Il ne m'échappera
pas. Rassuré, je m'endors, roulé en boule, la tête dans
l'aisselle de Luc.

Ce sont les livreurs de chez Darty qui me réveillent.
Ils ont peut-être déjà sonné plusieurs fois avant que je

réagisse. Luc n'est plus dans le lit à côté de moi. Je me lève en catastrophe, je le cherche : il a disparu.

Sur la méridienne, je trouve mes vêtements bien rangés avec, posés dessus, mon bloc et le trousseau de clefs. J'enfile mon slip et mon jean, j'ouvre la porte aux livreurs. Je les laisse installer ma nouvelle cuisinière électrique et je retourne finir de m'habiller. En prenant ma chemise, je constate que quelques mots sont écrits en travers du croquis que j'ai fait de Luc.

Le dessin est très joli. Tu vois, j'ai trouvé les clefs. De toute façon, je réussis toujours à sortir. Je suis désolé si je te fais de la peine mais je dois repartir. Je t'embrasse encore. L.

Les livreurs me signalent que la prise dans le mur ne correspond pas au modèle de la cuisinière. Je dois faire venir un électricien. Je ne pourrai même pas me faire chauffer de l'eau aujourd'hui. Je vais descendre prendre un café à un comptoir.

La vacuité des conversations de bistrot convient bien à mon humeur. Je me sens seul, abandonné.

Quand je remonte chez moi, j'entends le téléphone alors que je suis encore dans le couloir. Je ne vois pas l'intérêt de me presser. Luc n'a pas mon numéro, je n'ai envie de parler à personne à part lui. J'ouvre tranquillement ma porte mais les sonneries ne s'interrompent pas. Je me faufile donc jusqu'à l'appareil et je décroche. Mon correspondant n'a pas désarmé. C'est Luc.

« J'avais envie de te parler. Ce matin quand je me suis réveillé, je t'ai trouvé au creux de mon bras. Je voulais te dire que j'ai changé d'avis. Je vais rester un peu.

— Comment tu as trouvé mon numéro de téléphone ?

— Ta facture traînait sur un carton. »

Luc me donne rendez-vous le soir même dans le bar où nous nous sommes rencontrés hier.

En franchissant la porte, l'anxiété me vrille l'estomac. J'ai peur qu'il ne corresponde pas à l'image que je me suis faite de lui pendant les quelques heures que nous avons partagées. Mais déjà il est face à moi, surgi de nulle part, comme hier. Son sourire d'enfant ne semble pas avoir quitté son visage depuis la veille, il a dû rester accroché à ses lèvres toute la journée. Il se jette dans mes bras.

Nous ne restons pas longtemps dans le bar, il y a trop de monde, trop de bruit. Je prends Luc par la main et nous ressortons.

Dehors, la nuit est claire. Nous marchons au milieu de la rue, la tête tournée vers le ciel pour observer les étoiles. Luc s'immobilise et me regarde droit dans les yeux.

« Demain, c'est mon anniversaire.

— Tu auras quel âge ?

— Vingt ans. »

Une voiture passe tout près de nous avec l'autoradio à plein volume. C'est une chanson que Val avait mise pour mes vingt ans. Luc me prend par la main et nous commençons à danser au milieu de la rue en chantant. Luc lève haut la jambe, il fait de petits bonds sur le macadam et saute de plus en plus haut. Puis, il prend son appel et s'élance dans les airs pour faire un saut périlleux.

La voiture a disparu. Luc tourne sur lui-même très lentement. Il enroule son corps, tête aux genoux, et le déplie brusquement pour reprendre son envol sans toucher le sol. Il fait une volte, puis deux, puis trois.

Luc tourne dans le ciel étoilé à la hauteur du dernier étage des immeubles. Les gens se sont mis aux fenêtres pour le regarder. Un petit garçon en pyjama apparaît au balcon de sa chambre, les yeux encore tout collés de sommeil. Il bat des paupières en regardant Luc faire une vrille. Tous les clients du bar sont sortis sur le trottoir, leur verre à la main. On n'entend pas un murmure, chacun retient son souffle. Au carrefour, une voiture de pompiers s'est arrêtée. Ils sont debout dans leur uniforme bleu marine, adossés à la tôle rouge.

Je suis au milieu de la rue, la tête tournée vers le ciel. Au-dessus de moi, Luc sourit.

Les garçons n'ont jamais voulu que je joue avec eux parce que j'étais une mauviette. Bien campé sur les deux jambes, je sens mes épaules s'élargir, mes bras deviennent puissants. Debout sur mon tas de sable, j'ai tout à coup une force de titan. Quand Luc retombera, je serai là, les bras ouverts, pour le rattraper.

Les garçons vont être épatés.

Comme tu as changé
Éditions de l'Olivier, 1992

Comme ton père
prix Renaudot
Éditions de l'Olivier, 1994
et « Points », n° P 130

BUSSIÈRE CAMEDAN IMPRIMERIES À SAINT-AMAND (4-98)
DÉPÔT LÉGAL : JANVIER 1998. N° 33297-2 (1/982024)